SALES IS TO DO
THE CHANNEL

流量口：
销售就是做渠道

黄特 ◎ 著

广东旅游出版社
悦读书·悦旅行·悦享人生
中国·广州

图书在版编目（CIP）数据

流量口：销售就是做渠道 / 黄特著． —广州：广东旅游出版社，2018.10
ISBN 978-7-5570-1328-8

Ⅰ.①流… Ⅱ.①黄… Ⅲ.①销售-方法 Ⅳ.①F713.3

中国版本图书馆CIP数据核字（2018）第216846号

出 版 人：刘志松
责任编辑：梅哲坤

流量口：销售就是做渠道
LIULIANGKOU: XIAOSHOU JIUSHI ZUO QUDAO

广东旅游出版社出版发行
地址：广州市越秀区环市东路338号银政大厦西楼12层
邮编：510060
电话：020-87348243
广东旅游出版社图书网
（网址：www.tourpress.cn）
印刷：北京嘉业印刷厂
（地址：北京市大兴区黄村镇李村）
开本：787毫米×1092毫米　1/16
字数：184千字
印张：14.75
版次：2018年10月第1版
印次：2018年10月第1次印刷
定价：45.00元

【版权所有 侵权必究】

本书如有错页倒装等质量问题，请直接与印刷厂联系换书

目 录

前言 得渠道者，得天下 /V

01 认识渠道，企业发展的利器

什么是销售渠道 /003
向渠道要业绩 /011
好渠道要配好产品 /018
渠道成员应该这样选 /021

02 深入渠道，和渠道成为密友

了解渠道，掌控渠道 /029
销售渠道布局的门道 /034
如何稳定渠道客户 /039
渠道管理的重要性 /044
快速为新产品寻找渠道 /048
发展与建设渠道优势 /052

I

03 管理渠道，一切尽在掌握

如何成为一名优秀的管理者　　/059
管理对渠道的重要性　　/064
管理者的自我修养　　/069
做客户的倾听者　　/074
渠道的真正需求是什么　　/079
渠道的成功离不开好心态　　/084
对消费者保持敬畏之心　　/088

04 渠道维护，正确地征服销售渠道

最大机会得到平台主推渠道的方法　　/093
渠道幕后工作的多方面要求　　/098
年底如何冲渠道业绩　　/101
让渠道成为销售的左膀右臂　　/105
让渠道运转自如　　/109
渠道风险管理　　/114

05 灵活妙用，让自己成为渠道专家

销售渠道妙用高招　　/127
渠道的"双赢战术"　　/131
销售渠道整合　　/135
渠道让你成为销售专家　　/140
渠道绩效评估　　/145
适时进行渠道转换　　/150
深度分销模式，让你的业绩快速增长　　/155
发展核心力，创新赢市场　　/160

06 自我总结，销售人员的必备素养

销售人员的心态调整　/167
销售人员禁忌和补救措施　/171
销售人员与顾客的关系　/176
销售人员要"会"说话　/179
打造优秀的销售团队　/183

07 良性渠道，助力成员关系和谐

渠道激励的必要性　/189
巧选分销商　/194
企业之间加强合作，实现共赢　/198
巧妙化解渠道冲突　/202
激励分销商提高积极性　/208
化解传统渠道和网络渠道的矛盾　/212
对竞争对手的态度决定企业的高度　/217
市场调查对高质量渠道的重要性　/220

前言

得渠道者，得天下

有"现代营销学之父"美誉的权威经济学家菲利普·科特勒曾说："营销渠道是指某种货物或劳务从生产者向消费者移动时，取得这种货物或劳务所有权，或帮助转移其所有权的所有企业或个人。"

至此，我们可以理解，营销渠道是一种途径，是个人或企业在进行某种货物（商品）交换时的桥梁。这种途径在移动的过程中是可变的，它会随着市场的变化而变化。

产品从企业走向消费者，需要通过渠道来实现。在这个过程中，企业需要解决两个问题：一是让消费者接受产品，有意愿去购买产品；二是让消费者随时随地都能买得到产品。什么才是成功的企业？你的产品，消费者愿意买，随时都可以买得到，这就是一个成功的企业所具备的特性。其实，不管是买还是卖，都离不开渠道，销售的过程就是建设并完善渠道的过程。

互联网的出现，对传统渠道产生了极大冲击，企业经营也遇到了许多棘手的问题。现如今，企业如果不想输在起跑线上，必须有意识地从渠道管理及建设方面着手。因此，深入了解渠道，对渠道进行适时而又合理的管理，最后征服渠道，让渠道为企业"效劳"，已成为目前很多企业的迫切需求。只有用科学而合理的方法对渠道进行管理，企业才有利可盈，才可以在竞争日益激烈的今天生存下来，活得长久。

本书共分为七章，内容包括最开始的认识渠道，到和渠道成为密友，再到各种渠道细节的管理，最后将其征服，为企业所用。读完本书之后，你一定能对渠道有一个系统的认识，学会如何妙用渠道，让自己也成为别人眼中的渠道专家和销售明星。当然了，做任何事情都不是一帆风顺的，销售人员在销售的过程中，会遇到各种各样的问题，书中的内容也是我们在销售过程中的一些经验总结和分享，算是"经验帖"吧！前人走过的路，他们已经试验过哪儿有坑，读完本书，相信我们就能知道如何巧妙避开那些坑。

无论你是职场小白，还是历经商海沧桑的老江湖，看完本书之后，将会对销售及渠道有一个更全面的认识，在今后的销售过程中也将变得更有智慧。书中有大量典型的案例分析，借以对渠道的相关知识进行深入浅出的阐释，相信你在阅读之后定会有所收获。

销售就是做渠道，这是亘古不变的真理。如何让企业充满生机而蓬勃生存下去，值得所有奋斗在职场里、商海中的人去研究和探索。

能力有限，我知道自己的阐释不够系统和全面，还望大家见谅！本书算是抛砖引玉，欢迎各界朋友斧正和探讨。

愿本书能带给你无穷的力量！愿全天下的企业都能建立并完善自己的销售渠道，取得辉煌的业绩！

01

认识渠道，
企业发展的利器

随着时代的发展，事物的变化速度越来越快，如何才能快速建设适合本企业发展的渠道，这是很多企业发展过程中都会遇到的问题。

产品的销售离不开渠道，企业的发展更离不开渠道。渠道是一个企业的生命线，有了销售渠道，企业才有了生机。

什么是销售渠道

说到销售，大家一定会想到顾客、产品等。那么，是什么实现了将产品卖到顾客手中的呢？答案正是"销售渠道"。不管一个公司的规模大小，也不管一个公司的产品种类多少，销售渠道是整个销售活动中至关重要且必不可少的环节。

举个例子：假如你是一家旅店的老板，那么销售渠道指的就是连接入住客户和旅店的通道，这个通道也就是旅店的生命线。有了良好的销售渠道，客户才能更好地来旅店体验，两者之间才能进行交流。这样，身为旅店老板的你才能从中获取收益，整个产品服务链才能有序地进行下去。

根据著名营销大师菲利普·科特勒的相关理论，一条分销渠道主要包括中间商和代理中间商。此外，它还包括作为分销渠道的起点和终点的生产者和消费者，但不包括供应商、辅助商等。

那么何为销售渠道呢？所谓销售渠道，是指产品从生产者向消费者转移的过程中所经过的通道或途径，它是由一系列相互依赖的组织组成的商业机构，即产品由生产者到用户的流通过程中所经历的各个环节连接起来而形成的通道。销售渠道的起点是生产者，终点是消费者，中间环节包括各种批发商、零售商、商业服务机构（如经纪人、交易市场）。

仅仅了解销售渠道的概念是不够的，我们还需要了解销售渠道的特征、分销模式及基本要素。

销售渠道的特征

第一，起点是生产者，终点是消费者。

这个特征很好理解，生产者生产产品（或提供相关的服务）来满足消费者的需求；消费者通过支付一定的财物来进行交易，换取他们所需的产品或服务。显然，起点是生产者，终点是消费者。对于任何企业而言，其销售渠道必定都有这一特征。

第二，参与者是商品流通过程中各种类型的中间商。

中间商是介于产品生产者与最终消费者之间的，是具有一定存在价值和意义的。但是，并不是所有的销售过程都会有中间商的参与，比如某些厂家直销的产品就没有中间商的参与。

第三，前提是商品所有权的转移。

销售方将自己的产品所有权转让给消费者，进行交易之后，这里的消费者也就是我们所说的商品的权利人。

销售渠道的分销模式

在西方经济学中，分销是建立销售渠道的意思，即产品通过一定渠道销售给消费者。也就是说，分销是产品由生产地点向销售地点运动的过程，产品必须通过某一种分销方式到达消费者手中。主要的分销模式分为间接分销和直接分销。

第一，间接分销。

所谓间接分销，也称多级分销，是指产品生产方通过中间商将产品销售给消费者的销售模式。在间接分销中，中间商发挥着不可替代的作用。

目前，大多数企业都采用间接分销这种模式进行产品销售。一般情况下，当企业的规模不够支撑建立自己的销售圈时，就必须借助中间商来间接销售自己的产品。

间接分销的优点在于，可以在很短的时间内提高本产品甚至企业品牌在市场上的影响力，同时在一定程度上降低风险，利于产品销售。其缺点主要是可能直接损害中间商的利益，特别是当出现囤货或产品无法顺利售出时，在一定程度上会打击中间商的积极性，而对于那些对中间商依赖度较高的企业，自身利益自然也会受到损失。

第二，直接分销。

所谓直接分销，简称直销，是指产品制造方直接将产品销售给消费者的销售模式。在直接分销的过程中是不需要中间商参与的。

直接分销，企业可以直接接触消费者，更加直观地了解消费者的需求，从而对产品及销售手段及时做出调整，以满足多变的市场环境。然而，由于直销的过程中分散面较广，企业在管理的时候往往力不从心，这样一来就会增大销售风险。比如在IT产业链中，一些国内外知名的IT企业，像联想、IBM、惠普等公司设立的大客户部或行业客户部等就属于直接分销渠道，也称零级渠道。我们所熟知的戴尔的直销模式更是一种典型的零级渠道。

销售渠道的基本要素

第一，渠道成员。

所谓渠道成员，即通过多种方式结合在一起形成有效渠道的各类机构和个人。

渠道成员通常分为基本渠道成员和特殊渠道成员。基本渠道成员包括产品生产者、消费者、代理商、经销商等，而特殊渠道成员包括广告公司、市场研究机构、运输公司等。

第二，渠道结构。

所谓渠道结构，是指为达到分销目标，给产品或服务设定一组渠道成员的关系和任务序列。渠道结构包含三种类型，分别是长度结构、宽度结构及广度结构。

◇长度结构，又称为层级结构，是按照渠道层级及数量的多少来定义的。通常情况下，我们可以根据包含渠道层级的多少将营销渠道分为零级、一级、二级、三级。

◇宽度结构，是根据每一层渠道中间商的数量来定义的，一般会受产品的性质、市场特征等方面的因素影响。宽度结构又分为密集型分销渠道、选择性分销渠道和独家分销渠道这三种类型。

◇广度结构，是产品销售的多元化选择。一般一个公司不会拘泥于一种销售渠道，而是会根据产品的特征及市场行情等制定混合渠道来进行销售，这样才能满足多变的市场。

第三，渠道控制。

对大部分企业而言，企业本身并不能直接接触其他部分的渠道成员，也就不能时刻了解自身的一些市场行为，这时就需要企业出面对渠道制定一系列的管理、考核、激励手段。渠道控制就是说企业要对整个渠道进行调控。

销售渠道中的"雷区"

以下三个方面是企业在销售渠道方面比较容易踏入的"雷区"，是需要特别注意的。

第一，定位不清。

很多商家在推出产品时，完全不考虑渠道的承受能力，摆出一副"我乐意怎么样就怎么样"的姿态。尤其是产品迭代，有新产品上市时，有的销售商认为新老产品没有什么大的区别，就盲目采用老规则、过时的销售手段，不对新产品的销售策略进行合理规划，这本身就是一种销售误区，没有充分探索如何让新产品适应市场。

01 认识渠道，企业发展的利器

同一件产品在不同的销售时点，销售方法都不一样，产品的卖点也可能会发生变化，所以千万不能墨守成规，一定要做好产品定位，建立适合商品销售的"平衡之道"。如果这些前期基础工作出错，后期的营销方案等配套工作再努力都是徒劳的。

第二，定价不明。

企业的目的就是要盈利。无论企业提供什么样的产品或者服务，在定价时都会充分考虑自身的利润空间。可是，这并不代表企业在定价时可以漫天要价，有的企业把产品的价格凌驾于市场行情之上，完全不考虑市场的实际情况。

如何定价是一家企业必须精通和明确的商业策略，既要找准自家提供的产品或服务的定位，又要充分考虑市场和消费者的需求。不管是持续销售旧产品，还是更新推出新产品，价格都直接影响销售状况。

而当企业推出新产品时，也许只是换了一个包装，增加了几项功能，与旧产品并没有太大差别，企业大都认为按照以前的价格进行推广和销售就可以了。殊不知，这样的做法是万万要不得的，很可能会造成人力、物力、财力不必要的浪费。

既然推出了新产品，那就一定要充分发挥其市场价值，为企业带来更多利益。针对这种情况，解决的最佳方法就是企业在推出新产品之前，将旧产品与新产品在功能、卖点等方面进行比较和区分，给消费者耳目一新的感觉，拟定一套新的适应市场行情的价格体系，同时通过加强对渠道的管理，让新产品以一种亮眼的方式融入市场。

定价方面，新产品的价格需要结合消费者的购买力，以及与同行的竞争激烈程度等因素进行决策。在价格调整的过程中，企业必须时刻保持警惕！

第三，管理任性。

其实，很多时候一个产品被市场淘汰和管理层面的领导是分不开的。某些企业的高层管理人员对于企业产品的盲目自信或妄自菲薄都可能给企业带来致命打击。所以，作为企业的高层管理人员，必须充分了解自己的产品的优势和劣势，保持一颗平和的心。

我们应该明白，在产品推出之前，企业就应该去调查这个产品是否符合消费者的需求，或者这个产品应该怎样销售才能够激励顾客前来购买。销售激励是非常重要的，产品的激励政策是对市场风险的补偿。除此之外，还要考虑该产品上市之后能否达到预期的销售额，这些都是需要考虑的最基础的问题。作为管理者，千万不能太过骄傲或者太过自卑，否则有很大可能会影响判断，做出不利于产品推广和企业发展的决策，甚至导致产品或企业无法在市场上立足。

销售渠道中的"窍门"

销售渠道的重要性不言而喻，它是一件产品能否顺利售出的先决条件。做好销售渠道，是非常讲究窍门的。

第一，学会制造轰动效应。

我们来看一个书商的例子。

书商手头有大量的书滞销，突发奇想，打算借助当地一位非常有声望的文化人来拉动销量。

书商把书送给这位有声望的文化人，这个文化人看后说"这书还真不错"，于是书商就广泛宣传，说这位有声望的文化人非常喜爱这本书，并且在书上印上了"这书还真不错"几个字，结果这些书被一抢而空。

随后这位书商又进了一批书，他还是打算借用这位文化人的名声来销售自己的书。文化人有了前一次的教训，就故意说"这本书真是

01 认识渠道，企业发展的利器

糟透了"。书商又大肆地宣传，说文化人讨厌这本书。结果大家都很好奇，这位文化人到底讨厌什么书呢？于是，这批书又被一抢而空！

第三次的时候，这位书商又送给了文化人一本书，这位文化人吸取了前两次的教训，一句话都没有说。书商更绝了，他打出广告说"现在有一本文化人难以评价的书，大家有什么看法呢？"结果，这批书又被大家一抢而空！

从书商的故事中我们可以很清楚地看到，这位书商正是利用了名人的名气才一次又一次地把书销售出去了。可见，这是一个成功地利用轰动效应出售商品的案例。

学会制造轰动效应十分重要，这样成功的例子数不胜数。其实对于很多行业而言，利用外界力量来制造轰动效应是推广自己产品的一种手段。比如，为了宣传某部电影，电影里的男主和女主之间闹"绯闻"，在这个节骨眼上出现绯闻其实就是为了博取外界的关注，制造轰动效应，电影的知名度会相应提高。销售要学会充分利用热点事件或大众认可的有代表性的任务来制造轰动效应，这样一来产品的知名度就会提高，来购买产品的顾客也会相应增加。抢购一空不是梦！

第二，推广盈利模式。

我们经常说去推广某产品，实际上我们推广的不是产品本身，推广的是盈利模式。盈利模式本身是会随着市场的波动而进行自我调节的。给消费者带去了方便，更是给自己带来了利润。

说到UC手机浏览器，大家一定都很熟悉。其实，最初UC浏览器仅是一个WAP浏览器。那时手机上网网速慢、资费高，对于使用WAP方式上网的用户，流量是他们心中的痛。

后来随着技术的发展和移动网络的普及，手机上网的资费和效率都大幅提高。而UC浏览器又针对此前的活跃用户进行推广，不仅满足了这些用户上网浏览和流量节省的需求，而且向广大用户和市场展示了自己集成了门户、电商、社交等多种功能的新平台，建立了自己的口碑。此时的UC浏览器已经不是一个简单的软件工具，而是一个聚合了用户、运营商、终端厂商、内容提供商、网络电商等多种移动互联网参与者的综合平台和流量入口。它的推广，从深层次来看，就是一种盈利模式的推广。

第三，要有团队精神。

说到团队精神，就不能不说一下华为。

在大众眼里，华为总裁任正非是成功的，也是低调而神秘的。

任正非认为，企业要发展，就必须要有团队精神，要有敏锐的嗅觉，有不屈不挠、奋不顾身的进攻精神，还要有群体奋斗的意识。任正非领导的华为公司，正是凭着这种企业文化，百折不挠，披荆斩棘，在强手如林的国际竞争中，闯出一片广阔的天地，成为通信设备行业的翘楚。

华为公司的企业文化，不但表现在企业业务发展上的开荒拓土，还表现在公司内部管理上的烈火重生。任正非的管理，不仅仅表现在对公司、对员工的严格管理，还表现在对自己过失的不依不饶。

而今，华为依然屹立于中国的电子行业前列，这和华为公司的企业文化是分不开的。

企业要有团队精神，同时还要有忧患意识，时刻提醒自己竞争对手的强大。对于一个企业而言，每个人都应该把自己完全融入其中，合力发挥出团队的巨大潜力，让企业的路越走越远。

销售渠道中的"窍门"是一个企业的灵魂所在，摸清市场规律，然后把这些"窍门"应用进去，企业离成功也就不远了。

向渠道要业绩

对销售团队而言，业绩既可能是激情满满的源泉，又可能是愁云惨淡的梦魇，是让销售员又爱又恨又怕的一项重要指标。在规定的时间内超额完成任务、创造出高业绩是大家梦寐以求的事情。那么，该如何实现呢？

老字号的破局

其实，高业绩和销售的生命线即销售渠道是分不开的。销售渠道的正确选择不仅可以创造出高业绩，有时甚至可以让一个企业起死回生，这样的成功案例不胜枚举。我们来看一下老字号王老吉发展的风雨历程。

王老吉创立于清道光八年（1828），被公认为凉茶始祖，采用本草植物材料配制而成，有"凉茶王"之称。产品形式经历了水碗凉茶、凉茶包、凉茶粉、凉茶饮料等载体的变化。1885年，王老吉凉茶铺已有百余家，热卖于广州的大街小巷，并盛行于粤、桂、沪、湘等地区甚至海外。1925年，王老吉凉茶参加英国伦敦展览会，成为最早的走向世界的中华民族品牌之一。1956年，社会主义改造的浪潮席卷全国，王老吉与嘉宝栈、常炯堂等八家企业合并成立"王老吉联合制药厂"，后几经更名为"广州羊城药厂"归属广州市医药总公司（广药集团前身）。

2012年，以王老吉为核心的"大健康产业"计划迎来了跨越式发展的新起点，王老吉开始在产能、药材、提取、罐装、包装、运输等方面全方位布局。5月9日，广药集团依法收回了红罐红瓶王老吉的生产经营权，公布了"王老吉凉茶136发展方略"，勾勒出红罐王老吉的发展蓝图；6月，红罐王老吉震撼亮相；12月，王老吉固体凉茶、低糖凉茶、无糖凉茶三款新品以及凉茶行业首部直饮机联合上市。

2013年10月14日，王老吉首次触电大屏幕，微电影《倾世之恋》在优酷播出，王老吉微电影首播就获得了9万多的点击量，其中PC端的播放量为60多万次。2014年6月初，新的"广药版"红罐王老吉凉茶上市。2017年，王老吉开设第一家线下现泡茶概念店，探索"新式茶饮"市场。

近200年来，王老吉凉茶的产品形式虽几经变化，但其秘方和内涵得到了王老吉人真正的传承。

王老吉取得的骄人业绩，主要是在以下两方面的突破带来的。

第一，找准定位，确定产品特色。

关于王老吉的产品定位，还要从2002年说起。2002年底，在王老吉打算拍一条以赞助奥运会为主题的广告片的时候发现，王老吉的问题通过拍广告根本无法解决。

王老吉的问题在于没有定位，就这样稀里糊涂地卖给了消费者，消费者也是稀里糊涂地买，稀里糊涂地喝，没有特别深入人心的特色。

经过一番探索和研究，王老吉终于找到了符合自身产品特色的定位——"预防上火"，这也是消费者购买红罐王老吉的真实动机，这样一来王老吉就区别于其他凉茶了。找对了品牌定位，使得王老吉找到了品牌发力点，有了预防上火"正宗"的强力支撑，不仅可以形成竞争优势，也有了进行广泛市场合作的方向。

所以，企业一定要给自身产品进行正确定位，只有这样，产品才有源可依，才能在一个确定的方向上打造出属于自己的一片天地。无论是从短期还是从长远来看，这样做都非常有利于企业的持续、稳定、健康发展。

第二，渠道创新，拓宽发展路径。

虽是中华老字号，但老字号并不代表不需要创新。从王老吉的那个经典广告创意来看，红罐王老吉选用了日常生活中最易上火的五个场景——吃火锅、通宵看球赛、吃油炸食品、吃烧烤和酷夏日光浴——进行宣传，这是一种极其精准的洞察，和消费者产生了心理共鸣，这样产品就很容易被消费者记住和接受。这种对产品应用场景的洞察，本身就是销售渠道的创意！

2016年夏天，王老吉又推出了无糖、低糖两款凉茶。这无疑又是一种创新，给消费者提供更多的选择，满足更多消费者的需求。两款凉茶的畅销，不仅收获了市场的认可，还取得了不少奖项。对产品线的丰富，也是拓宽销售渠道的重要手段。

由此可见，渠道创新对于一个企业的发展有着多么重要的作用！

从王老吉的渠道创新，我们可以看出，很多情况下销售业绩不佳并非产品本身的问题，光有好产品是不够的，酒香也怕巷子深，要想让消费者认可和购买你的产品，需要主动求变、善于求变。如果长期拘泥于一种模式，不懂得创新，那产品势必无法适应市场，最终将会被市场淘汰。而唯有契合客户需求的创新，才可能给企业注入新鲜的血液，让企业良性运转，蓬勃发展，勇往直前！

其实，提高业绩并不难，难的是很多人的认知出现了错位，认为提高业绩的重心在客户身上，而客户的购买力固然重要，如果没有一个精准、稳定的渠道来连接客户和产品，又谈何销售业绩呢？所以，企业一定要把前期工作做好，准确定位产品，对渠道进行实质性创新，做好这两点，想让业绩更上一层楼就不那么难了。

与渠道共进的品牌巨头

渠道有控制商品流通、实现商品价值的功能。产品的销售离不开渠道，企业的发展更是离不开渠道。渠道是一个企业的生命线，有了销售渠道，企业才有了生机。

可是随着时代的发展，事物的变化速度越来越快，如何才能快速建立适合本企业发展的渠道，这是很多企业发展过程中都会遇到的问题。虽然每个企业的渠道建设存在很大的差异，但大前提是相通的。

下面我们来看一看娃哈哈的渠道建设之路。

杭州娃哈哈集团有限公司创建于1987年，为中国最大、全球排行第五的食品饮料生产企业，在销售收入、利润、利税等指标上连续11年位居中国饮料行业首位。

娃哈哈的成功得益于联销体系的营销模式。所谓联销体系，就是联销商先把预付款给娃哈哈，两者达成协议后按照娃哈哈的市场计划，在特定的区域内进行销售，双方最终形成稳定而长期的经销关系。但是，要和联销商达成协议并不容易，在合作过程中娃哈哈需要持续提供质量过硬的产品和坚实的品牌承诺，这才最终赢得了大家的信任。

这样的营销体系，很好地整合了社会资源，降低了企业成本，进而转化为价格优势和推广加速。1996年，娃哈哈采用"农村路线"，选择了1000多家具有先进理念的经销商，最终形成局部优势，打造出了更新、更完备的经销系统。

娃哈哈的发展历程无时无刻不在与渠道共进，其他企业最应该学习娃哈哈的哪些成功之处呢？答案主要有以下几点。

第一，分析产品，单点突破和品牌多元共进。

娃哈哈打造出了一条适合自己的发展道路。娃哈哈发展初期的方向是打入营养液市场，目标消费者是儿童。企业发出"给小孩子开

01 认识渠道，企业发展的利器

胃"为诉求的儿童营养液产品，这也宣告娃哈哈的诞生。两年时间，娃哈哈只发展了AD钙奶，没有盲目突进，单一产品线让娃哈哈专注深耕，为品牌发展奠定了坚实的基础，品牌价值和在消费者心中的认知感，在两年的时间里取得了突破性的发展。

但是，单一的产品可无法支撑一个企业持续发展下去。娃哈哈在接下来的时间里又推出了矿泉水。矿泉水的目标消费群体是成年人，娃哈哈矿泉水不仅为娃哈哈积累了数十亿元的财富，形成了强大的网络销售模式，并且确立了娃哈哈在国内的品牌强势地位。不管是从短期还是长期来看，娃哈哈的这一做法都符合企业的发展规律，也适应时代的潮流。

第二，确定营销理念，立足企业产品进行整体规划。

有人曾说："研究娃哈哈就是研究营销在中国的成长史。"仔细看这句话，还是非常有道理的。娃哈哈在中国市场上叱咤风云了30多年，形成了丰富的营销理念，娃哈哈用自己独特的品牌经营模式，在中国市场上牢牢占据一席之地。1992年，娃哈哈开始实施批发，却是以亏损为代价的，这个时候的娃哈哈开始建立自己的营销网络结构体系。

在1994年初的全国经销商大会上，娃哈哈提出了一个史无前例的方案，其联销体网络结构是："总部→各省区分公司→特约一级批发商→特约二级批发商→二级批发商→三级批发商→零售终端"。在经营过程中，娃哈哈则承诺给予经销商更多优惠。

娃哈哈为什么这么有自信呢？宗庆后回忆说，原因是凭三点：一是娃哈哈的果奶销量很好，大家都有钱赚；二是保证金是有利息的，比存银行划算；三是长期合作，信用有保障。在联销体系中，娃哈哈保证了经销商的利益，经销商有固定的区域，逐级批发有固定的差价，在新品供货、广告费用上能获得更多支持。如今的娃哈哈已经形成了庞大的网络营销结构。

随后,娃哈哈又进行轮番的广告轰炸以及不同形式的品牌营销,这些措施都让企业发展进入了高速发展的通道。

第三,营销渠道选择,不挑最好的只挑最适合的。

从娃哈哈的案例中我们可以看到,娃哈哈将"联销"作为其渠道发展的一个重要手段。联销体系看似神秘,但实际上是一种较为传统也并不复杂的销售模式。联销体系就是把渠道各个层次的客户以及客户拥有的经验、资金、仓储、市场甚至配送体系等各项资源有机整合到娃哈哈的联合营销共同体内,使得厂商形成了联合体,大大提高了市场竞争能力。

娃哈哈没有因为联销体系是一种传统的销售模式而嫌弃甚至拒绝它,这是娃哈哈对自己产品渠道正确的选择。道理很简单,适合自己的才是最好的,有时候有些听起来高大上的东西也许并不适合自己。娃哈哈以一种平常的心态去选择与推广这种模式,这是企业的智慧。

第四,营销渠道后期管理,打好手中的牌。

营销渠道的后期管理与维护也是非常重要的。不要觉得搭建好了模式和平台、挑好了合作伙伴就万事大吉,可以躺着赚钱了,没有良好的后期管理,维护好渠道各个环节,再先进的模式、再优秀的合作商都难以维系企业的长期稳定发展。

如何做好营销渠道后期管理,最基本的一点就是定期或者不定期地与渠道参与者进行电话沟通联系,了解市场情况,掌握一手信息反馈,从而为下一步的营销策略做好准备和规划。

不过,有时电话联系并不能彻底解决实质性的问题,这就需要相关人员实地考察,进行面对面交流,这样才能更加清晰地了解问题所在,制定出合理的方案,从而有效地解决问题。

而作为企业高层管理者,有责任也有义务对营销渠道进行合理的、科学的指导及监督，从而保证营销政策的有力执行，确保营销渠道顺畅和高效，让企业良性发展。

另外，还要对营销渠道进行定期或不定期的评估，对渠道进行综合、全面、完整的考量。这样一来能够确保渠道高效畅通，优化营销渠道，对渠道的健康发展有着重要指导意义。

第五，兑现承诺，大胆创新，无信不立。

娃哈哈的经营模式是联销体系，在这个过程中需要各个环节的参与者彼此间相互信任。能够打动经销商去和自己长期合作，可以看出娃哈哈是十分信守承诺的。

其实不管做什么事情，我们都是建立在信任的基础上的，企业经营尤其需要诚信，只有双方自觉去信守承诺且懂得维护对方利益的时候，合作才能确保成功，也会给各自带来收益。企业一旦丧失了诚信，那这个企业的生存将举步维艰，不仅在同行之间难以生存，消费者也不会买账。个人也好，企业也罢，诚信是我们做任何事情的基本原则。

在1996年的时候，娃哈哈实行"农村包围城市路线"，这是一种成功的商业创新。娃哈哈敢于创新，敢于突破一般企业的常规操作，这一点值得我们去学习。创新可以是多方面、多层次的，不管是对产品的创新还是对渠道的创新，都持积极的态度。在不断创新的过程中，企业就会发现原有的渠道或产品存在很多可以改进的地方，会有很大的提升空间。

好渠道要配好产品

销售渠道的重要性不言而喻,但过硬的产品和良好的渠道相结合才能让企业更好地立足于市场。不管一个产品的广告和营销手段玩得有多花哨,如果没有过硬的产品质量,都是无根之木,镜花水月,哪怕一时销量不错,但消费者和市场不会长期埋单,企业自然也难有好的口碑。

关于产品质量和通畅的渠道哪个更重要,这个问题并不难回答,两者是相辅相成、缺一不可的。企业的发展,一定要两者兼顾,好的产品配上好的渠道,才是一个完美的组合。

产品过硬的质量和销售渠道的通畅对于一个企业的发展起着举足轻重的作用,应该如何保证产品质量,又应该怎么保证渠道通畅呢?

产品质量需要不断提高

质量是企业生存和发展的根本,要提高产品质量就必须全员参与。可以从以下几个方面来提高产品质量。

第一,产品设计。

产品设计最重要的是抓源头,切实做好与产品设计有关的评审;其次是了解用户如何使用产品,即了解实际使用时要求产品达到的指标;要让用户了解自己产品的特性,与用户充分沟通,优化产品指标,既要考虑实际应达到的工作性能,同时兼顾产品的可靠性、安全性及寿命等。

第二，生产系统的精度。

只有保证了生产系统的精度才能有具体的衡量标准来控制全局，高精度的生产，严格的要求，这样才能生产出合格的产品。

第三，完善企业管理。

无规矩不成方圆。一个组织、一个企业如果乱糟糟一片，又怎么能把产品的质量提高上去呢？管理是一项必不可少的内容，目的既要满足客户需求，又要考虑到企业的活力。

加强管理不是说教和严厉控制，否则会扼杀员工的灵感和企业活力，加强管理是要让组织运转更加有条理，也更有激情。

第四，借鉴别人产品的可取之处。

借鉴不是抄袭，而是看到别人的产品能给自己带来的启发，给自己提供前进的动力和广阔的视野去完善自己的产品。在这个过程中，如果能够做到有所创新，那是再好不过的了。多去学习别人的长处，有助于提高自身产品的质量。

渠道需要保持通畅

销售渠道的通畅，能够保证企业更快、更好地打开市场通路，连接各方利益和诉求。保持渠道通畅通常有以下几个实用的方法。

第一，学会利用网络渠道。

当今世界是一个信息化的时代，网络的四通八达让我们足不出户就可以做完自己想要做的事情。每个人都可以在网上订餐、购物、读书甚至进行视觉上的环游世界。

网络的成熟也为很多企业的渠道开拓带来了契机，所以企业完全可以利用网络对自己的产品进行宣传、售卖等。这样一来可以让更多的消费者了解企业，了解产品，最后双方获利。所以不要低估网络的力量！

第二，预防渠道冲突。

渠道冲突是组成营销渠道的各组织间敌对或不和谐的状态。这是每个企业都不想看到的状态。当一个渠道成员的行为与其渠道合作者的期望相反时，便会产生渠道冲突。

当企业面临竞争时，树立超级目标是团结渠道各成员的根基。超级目标是指渠道成员共同努力，以达到单一个体不能实现的目标。渠道成员有时会以某种方式签订一个他们共同寻找的基本目标的协议，其内容包括渠道生存、市场份额、高品质和顾客满意等。

从根本上讲，超级目标是单个公司不能承担、只能通过合作实现的目标。一般只有当渠道受到一定威胁时，共同实现超级目标才会有助于冲突的解决，如此才有建立超级目标的必要。

第三，时时关注市场变化。

成功的企业并不是仅仅按照一条渠道来发展自己的，所以一定要及时地关注市场的发展变化，否则等发现企业根本无法运转时就为时已晚了。不管是个人还是企业，给自己多拓展几条道路都是有益无害的。

品牌建设和渠道建设是一个企业发展的着力点，很多走过弯路的企业都向我们证明：渠道的通畅和过硬的产品质量关乎企业的未来生死！

渠道成员应该这样选

任何事物的运转都离不开人,只有人才能支配所有事物的运转,销售也是如此。渠道成员的选择,就是从众多相同类型的分销成员中选出适合公司渠道结构的、能有效帮助完成公司分销目标的分销伙伴的过程。如何选择销售成员,选择什么样的销售成员,这些都是企业在初期需要考虑的问题。

可能还有人会问,所有企业在发展过程中都需要选择渠道成员吗?答案是不一定。如果渠道设计结果是采用直销的营销方式,就不存在对分销成员的需求,也就没必要对分销成员进行选择了。

选择渠道成员的必要性

渠道成员的选择对于企业的发展非常重要。渠道成员存在的意义就是将顾客和产品更好地连接起来,在用户购买活动中,渠道成员发挥着不可替代的作用。毕竟产品推出以后,仅靠企业来维持和消费者之间的关系是不够的,渠道成员在这里应起到媒介的作用,所以企业应该重视和渠道成员各方面的合作和联系,只有这样,双方才能形成合力,产品才会更加顺畅地销售出去,渠道的各个参与者才能获利。

选择渠道成员的条件

如果企业确定了其产品的销售策略,选择间接渠道进入市场,下一步即应做出选择中间商的决策,包括批发中间商和零售中间商。中间商选择是否得当，直接关系着企业产品的市场营销效果。选择中间商首先要广泛搜集有关中间商的业务经营、资信、市场范围、服务水平等多方面的信息，确定审核和比较的标准。

选定中间商后，还要努力说服对方接受你的产品，因为并不是所有中间商对你的商品都感兴趣。投资规模大并有名牌产品的生产企业完成决策并付诸实际并不困难，而对那些刚刚起步或者正处于上升期的中小企业来说，这就不是件容易的事情了。

一般情况下要选择具体的中间商必须考虑以下条件。

第一，中间商的市场范围。

市场是选择中间商最关键的因素。首先，要考虑预先选定的中间商的经营范围所包括的地区与产品的预计销售地区是否一致，比如，产品在上海，中间商的经营范围就必须包括上海。其次，要考虑中间商的销售对象是不是生产商所希望的潜在顾客，如果不是就需要再进行不相关的调查。企业都希望中间商能成功深入自己期望的目标市场，并最终说服消费者购买自己的产品。

第二，中间商的产品政策。

中间商承销的产品种类及其组合情况是中间商产品政策的具体体现。选择时一要看中间商有多少"产品线"，二要看各种经销产品的组合关系，是竞争产品还是促销产品。一般认为应该避免选用经销竞争产品的中间商，但如果产品的竞争优势很明显，就可以选择出售竞争产品的中间商。毕竟顾客也懂得货比三家，会选择自己最满意的商品。

第三，中间商的地理区位优势。

区位优势便是位置优势。关于地理位置的选择，需要考虑三个主要方面：一是顾客流量较大的地点，这样人群的传播速度会更快；二是考虑它所处的位置是否利于产品的批量储存；三是综合考量区域范围内的整体运输状况。

第四，中间商的产品知识。

这个很好理解，企业在寻找中间商时，一般都会寻找对企业文化、产品等各个方面都熟悉的人，这样合作起来才会避免因为价值导向或专业知识分歧而造成的矛盾，中间商会利用专业经验快速打开销路。

第五，预期合作程度。

在销售产品的时候，中间商与生产企业合作融洽，也会提高双方推销产品的积极性。在合作过程中，有些中间商希望生产企业也多参与促销，拓展市场，这时生产企业应根据产品销售的需要，确定与中间商合作的具体方式，然后再选择最理想的、能够让双方利益最大化的合作伙伴与合作方式。

第六，中间商的财务状况及管理水平。

中间商能否按时结算，比如在必要时预付货款，取决于其财务状况。整个企业销售管理是否规范、高效，关系着中间商营销的成败，而这些都与生产企业的发展休戚相关，因此，这两方面的条件也必须考虑。

第七，中间商的促销政策和技术。

不得不说，促销是一门技术。有时促销反而和自己的预期目标背道而驰，有的产品进行广告促销比较合适，有的产品则适合通过销售人员推销，有的产品需要有效地储存，有的则应快速运输。这就需要综合考虑中间商是否愿意承担一定的促销费用以及有没有必要的物质、技术基础和相应的人才储备。选择中间商前必须对其所能完成某种产品销售的市场营销政策和技术作全面评价。

第八，中间商的综合服务能力。

现代商业经营服务项目甚多，选择中间商要看其综合服务能力，有些产品需要中间商向顾客提供售后服务，合适的中间商所能提供的综合服务项目与服务能力应与企业产品销售所需要的服务要求一致。这样也能促进双方的合作与交流。

选择渠道成员的数目

对于同一层次渠道的中间商数量的选择，根据企业产品的特点和企业追求的产品展露度，可以选用以下策略。

第一，密集分销。

密集分销是指尽可能选择多个中间商分销，使营销渠道尽可能加宽，以多样化来降低风险。消费品中的便利品和工业品中的标准件、通用小工具多采用这种策略，为顾客提供购买上的便利。

第二，独家分销。

独家分销是指在某一地区只选定一家中间商或代理商，实行独家经营。独家分销是最极端的形式，是最窄的分销渠道，适用于消费品中的特殊品尤其是一些名牌产品，以及需要提供特殊服务的产品。选择独家分销，要求企业在同一地区不再授权其他中间商销售本企业的产品；对所选中间商，企业要求其不再经营与之竞争的产品。独家分销可以使生产企业提高对销售渠道的控制力，刺激中间商努力为企业服务。如果中间商选择不当，则有可能失去某一地区的市场份额。虽然独家分销带来的利益很大，省去很多人力物力，但是独家分销的风险非常大。

第三，选择性分销。

选择性分销是企业较普遍使用的一种策略，介于密集分销和独家分销两种形式之间，即有条件地选择几家中间商进行销售。这种策略搭建起的营销渠道比独家分销宽，比密集分销窄，可使企业增强对营销渠道的控制力，适用于绝大部分商品。与密集分销策略相比，选择性分销策略可以使生产企业对中间商进行精选，选用效率高的中间商，降低销售成本。

渠道成员选择方法

第一，销售量评估法。

销售量评估法是指通过实地考察有关分销商的顾客流量和销售情况，并分析其近年来销售额水平及变化趋势，对有关分销商的实际分销能力尤其是可能达到的销售量水平进行估计和评价，然后择优选择。

第二，加权评分法。

加权评分法就是对拟选择作为合作伙伴的每位中间商，他们所从事商品分销的能力和条件进行打分。先根据不同因素对分销渠道功能建设的重要程度的差异，分别赋予一定的权重，然后计算每位中间商的总得分，从中选择得分较高者。

第三，销售成本评估法。

利用中间商经销商品是有成本的，主要包括市场开拓费用、让利促销费用，因延迟货款支付而带来的收益损失，谈判和监督履约的费用等。这些费用构成了销售费用或流通费用，减少了生产商的净收益。企业可以通过控制流通费用来提高渠道的效益，进而增加净收益。

因此，企业也可以把预期销售费用看作是选择中间商的一种指标来进行评估。常用的销售成本评估方法有三种，分别是总销售成本比较法、单位商品销售成本比较法和成本效率分析法。

02

深入渠道,
和渠道成为密友

很多企业自认为渠道很宽,市场广阔,对自身的渠道"不闻不问"、放任自流,结果导致惯常的渠道逐渐无法满足市场需求,致使市场份额下滑,甚至威胁到企业生存。

在产品质量以及价格等因素严重同质化的情况下,渠道的管理日渐发挥着巨大且不可替代的作用。

了解渠道，掌控渠道

销售渠道是一个企业的生命线，企业如果没有销售渠道，那就如一潭死水，毫无生机。然而仅仅简单地拥有渠道是不够的，我们还需要进一步去了解渠道，掌控渠道，只有这样才能让渠道发挥其最大的价值。

很多企业自认为渠道很宽，市场广阔，就对自身的渠道"不闻不问"、放任自流，结果导致惯常的渠道逐渐无法满足市场需求，致使市场份额下滑，甚至威胁到企业生存。

渠道是连接企业与消费者的桥梁，如果没有了这座桥梁，那么两端的人是无法进行有效沟通的，更不要说什么互惠互利了。而在这个过程中，企业手握主导权。权力越大，责任越大，所以企业必须对渠道进行强有力地把控，确保通过自身渠道输出的产品是消费者真正需要的东西。

美的是一家领先的消费电器、暖通空调、机器人及工业自动化系统的科技企业集团，提供多元化的产品和服务。美的坚守"为客户创造价值"的原则，致力于创造美好生活。美的在渠道管控方面做得非常好，为顾客提供良好的服务，以便增强渠道的号召力，提供优质畅销产品和良好的售后服务。

2010年，美的在变频空调普及期间全力抢占市场，但其渠道商之间始终存在利益冲突，错过了不少争夺份额的机会。经过几年的努力，美的对渠道冲突强势调整，时至今日，各厂商之间的关系已经缓和，从单纯的竞争走向了竞合，良性的合作关系使参与成员都能从中获利。

美的对于渠道的强势管控，也帮助其在市场上攻城略地，稳步成长。

渠道管控指的是制造商为实现公司分销的目标而对现有渠道进行管理与控制，以确保对渠道成员之间、公司和渠道成员之间相互协调和通力合作的一切活动的有效控制。渠道管控的目的，一是要建立稳定、可控的渠道分销体系及市场秩序；二是维护价值链上各级客户的合理利润空间，与经销商建立稳定、共赢的长期合作关系；三是稳步、持续提高销售业绩和企业的赢利能力，进而提高品牌美誉度，释放品牌力。渠道管控的最终目的还是要提高核心竞争力，保持企业的长期竞争优势，保证企业持续、健康发展。

渠道管控的内容

渠道管控的内容包括流程、成员、关系等方面的管理和控制。

第一，流程管理。

流程管理是指渠道成员有序执行的一系列流程，正是这一系列的流程将渠道中所有的组织成员联系在了一起。最基本的流程有六项，即所有权流程、谈判流程、产品流程、产品实体流程、资金流程、信息流程和促销流程。

第二，成员管理。

◇选择渠道成员。为了实现企业的市场营销目标，各企业都须招募合格的中间商来从事渠道分销活动，从而成为企业产品渠道的一个成员。不同的企业，其招募能力也不同，有些企业可以毫不费力地找到特定的商店并加入其渠道，而有些企业必须费尽心思才能找到期望数量的中间商。但无论生产者在招募中间商方面容易还是困难，他们都必须决定哪些特性可体现出中间商的优劣。他们需要评估中间商经营时间的长短、增长记录、偿还能力、合作意愿及其声望等多项指标。如果中间商准备给予某家百货公司独家经销权,生产者则需评估该商店的位置,未来的发展潜力及经常光顾的顾客类型等。其中,在选择中间商时,不仅要考虑配置中间商的层次结构,还要考虑选择中间商的标准。

◇培训渠道成员。要对中间商进行培训,将他们看作公司的最终用户,这样才能确保渠道成员同心协力,帮助公司完成既定目标。

◇激励渠道成员。中间商需要激励措施,在销售渠道中适当地得到刺激,可以确保其尽职尽责,这需要生产者不断地督导与鼓励。

生产者在处理与经销商的关系时,往往采取不同的方式,主要有合作、合伙、分销规划这三种。其中分销规划是指建立一套有计划、专业化管理的垂直市场营销系统,把制造商及经销商的需要结合起来。制造商在市场营销部门下成立一个专门的部门,即分销关系规划处,主要工作为确认经销商的需要,制订交易计划及方案,以帮助经销商以最恰当的方式经营。

◇评估渠道成员。生产者必须定期评估中间商的绩效是否达到某些标准。如果中间商绩效低于标准,则应考虑造成的原因及补救的方法。生产者有时必须容忍这些令人不满的绩效,因为若断绝与该中间商的关系或以其他中间商取代可能会造成更严重的后果。

如果生产者及渠道成员能事先就绩效及制裁标准达成协议,则可避免许多纠纷。有些生产者在销售期结束后,列出各中间商的销售量并加以评分,这种做法是希望那些名列榜尾的中间商为了自尊而努力上进,名列前茅的中间商为了荣誉而保持良好表现。

第三,关系管理。

渠道成员管理的核心内容是使各渠道成员形成平等的关系,结成渠道联盟。只有关系和谐的营销渠道，成员之间才会拥有共同的目标，协调工作，保证渠道的效率。

渠道成员依层次分为垂直关系、水平关系和交叉关系。在这些关系上，渠道成员有着合作、冲突和竞争三种不同的关系状态，其中渠道合作是同一渠道中各成员之间的通常行为，渠道实际上由各企业基于相互利益结合而成，制造商、批发商和零售商彼此间的各种需求，各成员由于相互合作而获得的利益，要比自己单独从事分销工作所获得的利益大得多。渠道合作是市场营销观念下的必然产物，这种合作有利于各企业更好地满足目标市场的需求。

渠道管控的方法

第一，高度控制。

生产企业能够选择负责其产品销售的营销中介类型、数目和地理分布，并且能够支配这些营销中介的销售政策和价格政策，这样的控制称为高度控制。根据生产企业的实力和产品性质，绝对控制在某些情况下是可以实现的。一些生产特种产品的大型生产企业，往往能够做到对营销网络的绝对控制。通过与中间商的紧密联系，时时关注市场变化，及时反馈用户意见，保证中间商不断努力。

绝对控制对某些类型的生产企业有很大的益处，对某些特种商品来说，利用绝对控制维持高价格和高品质，可以维护产品的优良形象。如果产品价格过低或质量参差不齐，就会使消费者怀疑产品品质低劣或即将淘汰。另外，即使对一般产品，绝对控制也可以防止价格竞争，保证良好的经济效益。

第二，低度控制。

如果生产企业无力或不需要对整个渠道进行绝对控制，企业往往可以通过对中间商提供具体支持、协助来影响营销中介，这种控制的

02 深入渠道，和渠道成为密友

程度是较低的，大多数企业的管控属于该种方式。

低度控制又可称为影响控制。这种控制包括以下内容：

一是向中间商派驻代表。大型企业派驻代表到经营其产品的营销中介中去亲自监督商品销售、生产企业直接派人支援中间商。

二是与中间商多方式合作。企业利用多种方法激励营销中介宣传商品，如与中介联合进行广告宣传，并由生产企业负担部分费用；支持中介开展营业推广、公关活动；对业绩突出的中介给予价格、交易条件上的优惠，对中间商传授推销、存货销售管理知识，提高其经营水平等。

通过这些办法，调动营销中介推销产品的积极性，达到管控营销网络的目的。

销售渠道布局的门道

"纸上得来终觉浅，绝知此事要躬行"。很多事情我们想得很好，但实际操作的时候并不如意，甚至让很多人望而却步。在销售渠道中，销售布局是十分重要的，关系到产品后期的销售并直接影响到企业的发展。我们一起来看看海尔的渠道布局。

海尔集团的渠道布局发展是随着海尔对市场细分不断细致和优化而更加完善的，1984—1997年海尔逐步建立以零售为主的销售渠道，同时形成了一些销售部大户，并以专卖店的网络取代大户的网络。1998—1999年海尔销售额急剧增长但价格出现混乱，海尔为了控制价格而抑制大客户的发展。2000年以后，公司组织结构发生变化，各地营销中心整合成为42家工贸公司，这使得公司能够充分利用公司资源、提高效率，及时、灵活地应对市场变化。

海尔集团市场分为五级，一级地区以大型商场覆盖，二级地区为大商场和专卖店，三级地区为专卖店和个体经营者，四级和五级地区为专卖店和网络覆盖。建立多级分销让海尔的产品实现了对市场的全面覆盖。

何谓渠道布局

所谓渠道布局，是指渠道的规划，具体是指产品或服务销售到什么地方，或销售给谁，明确选择客户的标准，并按照事先计划找到标准客户的过程。

02 深入渠道，和渠道成为密友

第一，渠道布局的内容。

◇渠道布局的范围，即在多大区域范围内布局；

◇在一定范围内布局的渠道数量；

◇在一定范围内选择渠道的质量，有所为有所不为，选择有价值的渠道是根本。

第二，渠道布局的基本原则。

◇按照公司总体战略和市场营销的总体要求进行布局；

◇调动企业有生力量；

◇采取以点带面、循序渐进、重点突破、快速复制等方式，按照计划进行。

第三，渠道布局的风险。

渠道布局风险是指企业销售渠道设计先天不足和商业网点先天布局不合理，导致分销渠道全部或部分不能履行分销责任，分销效果不理想的状态。常见的有：渠道设计过长，中间环节过多，导致产品送达市场不及时，渠道费用过高，降低产品竞争力等。渠道过窄，也是企业渠道设计常犯的错误，导致中间商参与程度低，销售网点过于稀疏，消费者购买不方便，影响产品销售。

第四，布局企业销售渠道时必须注意的关键要素。

◇分析行业现有的流通渠道。

通过分析行业产品现有的流通渠道，将可以清楚地看到可供选择的行业产品销售渠道类型。

◇成熟的销售渠道模式。

尽可能地了解和分析你所在的行业中主要企业采取的是怎样的销售渠道模式。在选择渠道模式时，可以在行业惯例中找到最适合自己的成功的渠道模式，甚至可以在此基础上进行适度创新，以塑造自身的品牌特色并承受未来不可预知的风险。

◇完善产品结构和差异化。

一般说来，产品结构比较单一，宜采取较长的销售渠道（批发销售或区域分销）；产品结构复杂，宜采取较短的销售渠道（终端零售、直接销售或品牌专卖）。此外，还应考虑产品的差异化程度。无差异化或差异化不明显的产品，可以采取长渠道销售，因为这类产品无须过多地向渠道商说明其卖点。相反，如果产品的差异化比较明显，采取长渠道销售就会增大风险。一般来说，长渠道对品牌建设不利，短渠道对品牌建设有利，这是因为中间商往往不能像厂家一样注重品牌形象的建设和维护，比如服装这类产品，如果通过长渠道销售（批发销售和区域分销），是很难建立起一流的品牌形象的，这类产品只有采取短渠道销售（专卖店或专柜销售）才可能迅速建立起品牌声誉。如果决意以较快的速度打造出一流的品牌，应该着重考虑选择最容易造就品牌的销售渠道。

◇经销商的付款方式。

许多行业的经销商渠道能够接受大品牌制定的"先款后货"或"货到付款"政策，但对小品牌，尤其是对毫无知名度的新品牌，往往十分刁蛮地要求压货销售。在选择销售渠道模式时，需要企业衡量自己的资金实力。如果资金实力不足以抵抗经销商压款，即便选择的渠道模式是有效的，产品也无法实现大范围、大规模地销售。

第五，如何进行渠道布局。

◇走出去，多交流沟通。

只有走出去才会更加准确、充分地了解自己想要获取的信息。有市场就会有竞争对手，如果某一方做出了畅销的产品，其他企业很可能会效仿，市场上虽然不会出现一模一样的产品，但会出现大量相似的产品，这个时候就要知道自己应该怎么布局，布什么样的局。走出

02 深入渠道，和渠道成为密友

去，看看本企业是需要在市场上扩张版图还是巩固阵地。所以走出去交流是最基本的一步，和所有的参与者进行交流，了解他们的想法。获取的信息越多，对市场的把控力就越准确。和更多人的交流，对竞争态势了如指掌，做好竞争分析，是做好渠道布局的核心要点。

◇学会顺势发展，做自己的渠道，让自己变得更强。

我们先来看一个成功的案例，看一下H公司的全球化发展战略。

H公司的国际战略的思想，是先在海外市场建立营业据点并把据点连成渠道，力求将各个据点圈成一定的势力范围，正是"点线面"的具体实践。

实施渠道设计"点线面"布局法战略大致可分为三个阶段。

第一个阶段是从公司成立到20世纪60年代初期，经营的重点是向海外扩张营业据点。在公司创始人的领导下，以美国母公司为中心，向欧洲扩充营业据点，确立未来海外经营的基础。

从20世纪60年代初期至20世纪70年代中期，是H公司世界经营的第二个阶段。在这一阶段，H公司致力于将海外营业据点连成线，形成海外地域性经营渠道，实现高效的规模经济。

这一阶段的主要特征是：已经壮大的海外经营企业一律分设自主独立的海外子公司，如日本的H子公司、法国的H子公司等。公司总部成立了国际贸易公司，统一管理海外资产。这一时期，H公司的竞争采取了海外市场渗透战略，即当地化战略。在各地子公司的基础上，逐步伸展，形成互为依托的经营渠道。利用规模经济所产生的优点，以定价策略为武器，从而击败当地的竞争对手。

第三个阶段是从20世纪70年代中期至今，是H公司的国际化进入世界战略的展开阶段，将地域性渠道连成片，构成全球性的经营网络。H公司的世界战略以当地的高度融合战略为基础，从全球观出发，向当地传递世界情报，形成世界市场的统一战略。H公司还对公司的组织机构进行调整，划分出美国、欧洲圈、亚太圈三个部分。同时，为了保持企业活力，H公司积极推动分权化。

H公司在向世界性企业成长进程中，正是通过了建点、连线和布面三个阶段，实现了在地区化经营基础上的全球统一战略。

社会在不断地发展，所以不能局限于落后的、不适应时代发展的布局来销售产品，那样终究会被淘汰。对一个有雄心的企业而言，渠道布局需要考虑多方面的因素，既要立足行业和区域特点，又要有全球战略眼光，只有这样才能运筹帷幄，更好地发展企业品牌。

如何稳定渠道客户

社会在不断发展,经济形势也发生了翻天覆地的变化,这些全新的经济形势给企业带来了更多的挑战,也带来了机遇。日新月异的市场行情,各种新产品如雨后春笋般争先恐后地涌入市场,这无疑让消费者有了更多的选择空间,也意味着消费者的消费观会随之发生很大变化,消费者的价格与价值意识也在不断增强。因此,企业与其客户建立长期并且稳定的销售关系,才可以保证自己的利益,企业才可以发展得更好。

稳定渠道客户刻不容缓,那么应该怎样与客户建立长期而稳定的营销关系呢?任何事情都不是一蹴而就的,需要稳步推进。

开发客户渠道

第一,实体场所渠道。

所谓实体场所渠道,是指潜在客户群会经常出现的娱乐场所、超市、广场、购物中心等线下场所。销售人员通过实地市场调查可以发现目标客户,然后对目标客户进行"捕捉",也就是适时和这类人群进行沟通,了解对方的基本信息,在后期成熟阶段和接受调查沟通的目标客户取得联系并向其介绍产品的功能价值等。当然也可以发掘这类目标客户身边的潜在客户。

第二,网络平台渠道。

网络平台渠道就是在线上进行客户搜寻与锁定。网络平台渠道是指潜在客户群会经常出现或留有个人联系信息的网站，即搜索引擎网站、分类信息网、专业信息网站等。销售人员通过在这些网络平台收集到潜在客户的信息，再通过联系信息与潜在客户沟通，以便将产品的价值传递给对方，从而激发客户的购买欲望。就拿微商来讲，很多微商主要通过网络渠道来获取客源。

第三，报刊书籍渠道。

报刊书籍渠道就是指潜在客户群信息会出现在报纸、杂志、书籍等纸质媒介的渠道，但随着网络技术和电子终端的发展，人们获取信息绝大部分依靠网络，报刊书籍广告的传播性以及影响力远远不及网络平台渠道。不过，针对一些特殊的行业和特定的人群，比如老年群体，报刊书籍渠道还有不错的生存空间和传播价值。

第四，协会组织渠道。

协会组织渠道的开发难度很大，但是开发的客户精准度比较高。该渠道是指潜在客户群所在的协会、机构、单位等组织渠道。该渠道一般能够很好地体现销售人员的职业素养。

对客户进行评估

第一，客户购买需求。

对于客户需求的评估，要分析客户到底是否真正需要我们提供的产品或服务。如果真正有需求，又是什么时间、什么场景，会有怎样的具体需求。

根据这几方面因素，销售人员就应该去了解客户是否真正需要自己提供的产品。如果客户对自己销售的产品一无所知，而且表现得完全没有任何兴趣，那讲再多也是无用功，就不要浪费时间了。不过这也说明产品还有一定的升级空间，在这个过程中销售人员可以把消费者拒绝产品的理由总结起来。

02　深入渠道，和渠道成为密友

这样一来，虽然没有成功销售出自家的产品或服务，但得到了很有价值的反馈，非常有收获，也对企业有帮助。

第二，客户支付能力。

一般而言，客户的支付能力包括现有支付能力和潜在支付能力。在评判客户的消费能力时，现有支付能力是优先考虑的，潜在支付能力可以用来评估更大的潜在市场。

那么怎样才能知道客户的支付能力呢？其实这还需要销售人员对客户的收入水平、财务状况等方面的信息进行收集和判断。一般客户是不愿意将自己的财务状况透露给别人的，所以评判客户的支付能力并不容易，很讲究技巧，需要销售人员在不引起客户反感的情况下小心谨慎地搜集客户的收支情况。

第三，顾客购买决策权。

即便我们将产品推荐给某一个体，即便该个体有购买欲望，那我们能直接断言该个体就掌握着购买我们产品的决策权吗？显然不能这么理解。

举个很简单的例子，一个小学生和爸爸去商场购买书包，不管销售人员再怎么推销这个书包，不管这个小朋友的爸爸觉得书包有多好，决策权还是在这个小朋友手上，所以与其苦口婆心地给孩子的爸爸讲书包有多好，还不如直接从拥有决策权的顾客身上下手，这样目标会更加明确，产品也就更容易销售出去了。

所以说，在销售之前一定要搞清楚具体的销售对象，这样可以给自己的工作省不少事，也给顾客带去最直接的产品服务。

稳定渠道客户

应该怎样有效地稳定客户呢？主要有以下几点。

第一，进行市场细分化，分析和寻找营销机会。

首先应该从营销的角度来对市场细分化，做长远分析。有的企业可能觉得自己生产的产品越多、越杂越好，其实这是营销中的一个误区。多产品生产非常不利于企业管理，并且会给生产和质量带来很多难以估量的问题，不仅影响生产效率，还会造成不必要的浪费，而且最重要的是很难形成自己的产品特色，继而失去市场竞争优势。

因此，必须对市场进行分化，着眼于未来，着力打造品牌特色，形成自己的竞争优势，寻找更多的营销机会。

第二，树立正确的营销观念。

现代营销理论认为，实现企业目标的关键在于确定目标市场的需求和欲望，并且比竞争者更有效、更精准、更快速、更全面地输出满足消费者期望的东西。所以企业在发展的过程中需要正确地认识目标市场，而不是浅尝辄止或是搂草打兔子式地经营。

实践告诉我们，任何一个企业都不可能在每个市场有所涉猎且能满足市场的各种需求，甚至不可能在一个大的市场内做好全部工作。企业需要从客户的角度出发，为客户提供他们真正需要的东西。

第三，重视合作关系营销，减少客户流失。

目前经济形势以及市场的快速变化，客户对于产品的选择日渐变得多元化。降低客户流失率将是企业长期面对的一大难题，一般来说解决的方法有两个。

一是设置较高的转换壁垒。当顾客改变供应商时将涉及较高的资金成本、寻找成本或老主顾折扣的丧失等，顾客就不会轻易更换供应商。然而这样做极有可能使企业面临因提供更高的让渡价值而丧失更多的利益。

另一个方法就是提供较高的客户满意度，培植客户的忠实度，这就涉及开展合作关系营销。随着客户规模日益庞大，当成功建立合作关系后，企业就可以把客户当作企业管理工作的一个重要环节，使合作关系营销能持续发挥作用。企业与消费者相辅相成，互利共存，这样能够有效减少客户流失。

第四，注重产品质量与服务。

无论是给顾客提供产品还是服务，企业都要注重质量。决定企业竞争优势最重要的因素就是质量。质量是争夺市场的关键因素，谁能够用灵活、快捷的方式提供给用户（区域性和全球范围内）满意的产品或服务，谁就能赢得市场的竞争优势。现下的市场已经告别短缺经济，很多行业都是产能过剩的状态。

在买方市场条件下，企业间的竞争异常激烈，而竞争的实质就是质量竞争，其结果是质量好的企业必将淘汰质量低劣的企业。良好的品牌依赖产品的高质量，没有优质的产品很难树立良好的品牌形象。品质不高，即使品牌形象树立起来了，也只是昙花一现。当然，企业不仅要提供优质产品，而且要给顾客提供全程优质的售后服务。

第五，保持产品价格的稳定。

这里的稳定不是说产品定价之后价格就一成不变，而是指在顾客可以接受的范围内进行小幅度波动。这样的做法，顾客从心理上是可以接受的，也能保证企业的利润空间。

当然，如果市场同类产品的价格波动较大，就需要根据市场来调整价格的幅度了。

渠道管理的重要性

管理广泛存在于社会各个领域。从某种角度而言，渠道是企业在市场上能否立足的关键所在。

在产品质量以及价格等因素严重同质化的情况下，渠道的管理日渐发挥着巨大且不可替代的作用。渠道管理是否合理，是否通畅，都是企业在进行管理的时候需要考虑的问题。牢牢控制渠道，将会使企业得到更多的生存的动力和空间。

我们一起来看看力帆集团的案例，直观了解对渠道的掌控力对企业来说的重要性和关键作用。

力帆成立于1992年，成立初期仅有9名员工。力帆采用的是一个相对简单、层次较少的营销渠道网络。针对市场开发初期的跨区窜货和低价竞销现象，力帆采用了标本兼治的办法。

一是完善渠道的控制系统，按照地域层层分区，中间构筑"防火墙"，以求治标。二是与经销商建立"厂商一体"的关系，以求治本。

为了加强对于渠道成员的管理，力帆首先为经销商提供服务，与经销商建立伙伴关系，最后在互信的基础上实施管理。因为采用了合理、适合自己发展的渠道管理，力帆每年以3～6个发动机产品和多种摩托车新品投入市场，其发动机品种之多居全国之首。力帆的发展和其渠道管理是分不开的。

渠道管理的重要性体现在以下几个方面。

02 深入渠道，和渠道成为密友

了解并吸引顾客

企业生产的产品，最终目的还是出售给顾客，产品没人来买，就将导致货物积压，甚至出现亏损。企业的产品，不仅在设计、生产环节要充分了解顾客的需求，在搭建营销渠道时，也要尽可能全面地去了解顾客的消费心理，适时举办符合顾客实际需求的营销活动来吸引顾客购买产品。

合理、有效的渠道管理，可以为企业引来更广阔的客源，提高企业的运营收入和利润。

掌握市场状况

任何产品的销售，都是以市场为基础，以营销战略为导向的。那么如何了解市场信息呢？从市场信息的分类来看，内部信息比较容易得到，从企业内销售统计就可以获取，但对于外部信息，需要收集多元化的信息反馈。

因此，良好的渠道管理可以让企业更加清楚地了解外部市场到底是什么样子。渠道管理的一个重要内容就是及时、准确地去了解市场状况，得到前沿、真实的信息，才能帮企业探寻更多的潜在市场，做出更稳妥的决策。

把脉顾客需求

不管经济是低迷还是高涨，企业的生存发展都应该始终以客户需求为导向。也只有以客户的需求为导向，不断完善业务的发展方向，才能赢得更多消费者青睐，提高客户满意度。

无论从事什么行业，尤其是销售类或服务类行业，要想说服顾客购买你的产品或服务，就必须了解他们当前的实际需求，然后从需求寻找突破口，动之以情，晓之以理，不过切忌说教或自夸，应该多从顾客的立场上推销。

渠道管理可以经常接触顾客，及时了解顾客需求，并将这些需求及时反馈和总结，转化为企业的营销战略。和顾客增进情感交流，与其建立并维系更亲密的关系，利于培养顾客对企业品牌的好感度和忠诚度。

合理调配产量和流通速度

良好的渠道管理能够让产品生产更好地满足市场需求。渠道管理不完善，该生产多少产品，市场有多大需求，分销商们的需求量又是多少，何时需要来批发产品，这些信息企业都无从得知，那就很难把握生产效率，生产多了会造成亏损，少了则很可能导致供不应求，甚至会造成对渠道商的失信，有损企业信誉。

合理而又切实的销售渠道才可以充分发挥每一件产品的实际价值，这样一来不仅可以给企业带来收益，同时能保证其他成员的利益。合理的渠道管理可以提高产品的价值，提高企业的竞争能力。

而生产调配能力的完善，可以极大提高产品在市场上的流通速度。因为有时候可能仅仅比其他企业晚投放到市场几天，先机就会被别人占领，所以保证流通速度也是企业市场竞争力的一项重要能力。合理的销售管理可以使得企业内部的各项工作顺利完成，最重要的是可以提高经济效益和社会效益。

疏通企业和消费者的沟通障碍

渠道管理在一定程度上可以有效疏通企业和消费者的沟通障碍。一般情况下，除直销外，企业是不会和消费者有直接接触的。

而通过渠道管理，企业可以或直接或间接地接触到自己产品的使

02　深入渠道，和渠道成为密友

用者，充分了解他们的实际需求，和他们进行面对面的交流。这样企业就可以对产品做出有效判断，满足市场的需求。

提高产品的竞争力

合理的渠道管理可以从很大程度上节约生产以及销售成本，这样一来就可以大大提高产品的竞争力。制定合理的渠道管理方法，配置合适的中间商，有效安排运输和储存，这些都是产品能及时销售出去、加快资金周转的保证。购买的顾客多了，企业会获得更多利润，更有资本打败竞争对手，抢占市场份额。

渠道管理对企业意义重大，不仅可以增强企业的运作效率、明确发展方向，促使每个员工都充分发挥他们的潜能，使企业财务清晰、资本结构合理、投融资适当，还可以向顾客提供满足其需要的产品和服务、树立企业形象，做出更多贡献。

快速为新产品寻找渠道

新产品的产生，必然伴随着渠道的变化，这种变化并不是随随便便利用一个渠道就去出售产品，而是要经过周密的调查以及探索等活动来寻找和搭建的，所以如何为新产品寻找一个合理的渠道，是出售产品之前必须考虑和落实的事情。

有的人可能会说，如果我们企业就生产一种产品，那我们就只销售这一种产品，也就不用开发新渠道了。这种想法是销售中的一个典型误区，即便只销售一种产品，每季、每年的市场行情都是在变化的，也要有意识地为产品不断开发新渠道，如果固守原有渠道，企业的路只会越走越窄，最终被市场淘汰。

话又说回来，一个企业如果仅仅依靠一种产品打天下，企业在市场上是很难立足的，"一招鲜，吃遍天"的时代已经过去了，市场和消费者对单一产品的关注周期越来越短，对企业产品更新迭代速度的要求越来越高，所以企业都会隔一段时间就推出新产品，就算苹果这样的国际巨头公司，也需要不断推陈出新，不仅产品线会在软硬件上拓展出iPhone、iPad、iPod、iTunes、iCloud、Macbook等多个系列产品，还会在产品序列上持续迭代，截至2017年底手机已经出到iPhone X了。

为新产品寻找渠道如此重要，那么该怎样为新产品寻找适合该产品的营销渠道呢？接下来我们看一个案例。

02　深入渠道，和渠道成为密友

北京预防医学科技研究院为了创收开了个钴源室。这是一个科技含量高的新潮消毒生意，由于人们对它陌生，再加上都是科研人员，既没经验又放不下架子去揽活，因而生意一直没有起色。

无奈之下，主任重金招贤：谁能每月完成5万元任务，科研任务全免，工资照发，奖金以10%提成，超过5万元的部分以20%提成。结果重赏之下，竟无勇夫。响应者虽然对绩效奖励怦然心动，但谁也没能拉到客户。

看大家都没什么起色，一名科员到主任那里报了名，想尝试一下。主任很看重他，让他试一试。科员一上马，才知道自己对外界是如此陌生。自己一介书生，一直闷在科室里，上哪里去找客户呢？

他走出研究院，东转西问，根本不知道谁是自己的客户。晚上辗转反侧，思绪万千，也不知该从何着手。第二天到单位，于一筹莫展之时，忽然看见一本厚厚的电话簿，灵机一动，这么厚一本，还能没有需要消毒杀菌服务的客户吗？他赶紧翻开查看。

一看不得了，有需求的单位还真不少：食品厂、药厂、调味品厂等，一口气抄了有上百家。抄完通讯录，他准备了一些广告词和营销话术，然后他把打印好的广告复印了上百份，按抄录下的单位逐一寄出，便开始了难熬的等待。

第三天，便有一家茶叶厂来电话，说正为一批出口产品因细菌超标而苦恼，有2000箱货需要消毒处理。科员喜出望外，让对方先送一箱过来试照一下，测试没问题后再全部送来。结果经灭菌后送防疫站检测顺利达标。对方一看当即表示要长期合作，接着是一家有名的中外合资食品厂来钴源室考察，对灭菌保鲜均感满意，当即达成协议，每日保证送三四十箱货来灭菌。

光这两家客户，每月的营业收入就超过了5万元。后来，他们又招聘了5名下岗待业的女工，组成了一个客户开发组，买了一套企业名录，5部热线电话昼夜打个不停，开发出越来越多的客户。

曾经无人问津的产品，一下打开了销路，成了市场上的香饽饽。

生意场就是这样，初看是两眼一抹黑，哪儿也没有路，那是你还在外面徘徊。一旦入了门，便会发现里面商机很多。怎么"入门"？答案就是干哪行就琢磨哪行。根据你的产品的特点，划定受众范围，然后钻进去，逐个攻下具体的消费对象，自然就不难打开局面。

本是为了拿到奖金的科员，一个毫无销售经验的"白面书生"，到最后顺利地打开了新产品的销售市场，这就是我们需要学习的榜样。没有任何销售经验并不可怕，他的做法很值得我们在为新产品快速寻找到渠道时借鉴。

从产品市场定位开始入手

产品在推出前期就应该进行明确定位，企业应该迅速从品牌的市场定位入手，找准品牌的切入点。明确自己的产品走的是低端、中端还是高端路线，和市场上的同类产品进行比较，熟知自己的产品到底有哪些优势，如果产品本身没有优势，就要从价格方面着手，争取在价格上有所突破。

从消费者的角度进行分析

企业生产出来的产品，最终还是要销售给消费者，所以消费者的心理活动是什么样子的，到底接不接受该产品，到底有没有购买的欲望，这些都是需要去了解的。

只有搞清楚了消费者的想法，设计出符合他们想法的营销方案，才能保证自己的产品在同行之中脱颖而出。不过需要注意的一点是，企业生产的产品不可能满足每一个人的需要，所以在了解消费者心理活动的同时，要及时记录下那些不喜欢该产品的消费者所列出的原因，这样才能更好地帮企业对产品进行改进升级。

02 深入渠道，和渠道成为密友

分析企业旧产品的渠道

我们前面说过，新产品不能一味沿用老产品的销售渠道，因为市场一直在变化，所以原有的渠道肯定是不能生搬硬套的。这是不是说老渠道就没有价值了？当然不是。企业在为新产品寻找渠道的时候要充分考虑老渠道的优缺点，已经建立起的渠道是企业的宝贵资源，是企业重要的"无形资产"，企业一定要善加利用，这对新的产品在市场上的销售有极大帮助。

总之，新品上市，在销售渠道上，对旧渠道既不要一味"抄袭"，也不要置之不理。

多渠道组合

产品销售离不开渠道，但是单一的渠道抗风险能力比较差。目前来看，大多数企业在销售产品时一般会选择多个渠道进行组合销售。这样不仅避免了滞销的风险，也可以降低销售成本。

渠道的组合方式大致可分为两种，分别是集中型和选择型。集中型指的是单一产品在市场中使用多种渠道；选择型是指产品在每一个特定的市场有相对独立的渠道，渠道之间不发生重叠竞争。大多数企业都采用了集中型和选择型的混合模型。这些渠道之间有重叠，有时甚至会产生竞争关系。新产品投入市场，要尽快找到适合自身的渠道组合方式，这样才能带来更多的经济和社会效益。找到合适的渠道，对渠道进行全面评估，将渠道任务逐级分解，这样也便于计划的落实。

快速为新产品寻找到渠道，才能保证产品顺利售出，在渠道建设的过程中，不合理的、不利于企业发展的因素，就要尽快排除掉。

发展与建设渠道优势

整合营销传播学理论创始人、美国西北大学教授多姆·舒尔茨指出：在产品同质化的背景下，唯有"渠道"和"传播"能产生差异化的竞争优势。销售渠道已经成为当今企业关注的重心，并日渐成为他们克敌制胜的法宝。随着全球化的推进，产品的质量固然重要，但是有一部分公司已经发现仅仅把焦点放在产品质量上是远远不够的，销售渠道的重要性日渐凸显。

渠道的重要性不言而喻，近些年来，中国的商业环境已经发生了巨大变化。如果还是按照原有的思维模式进行渠道规划，一定很难有所发展，被淘汰几乎是必然的。目前中国市场的渠道管理有一定问题，渠道内部冲突大，结构也不合理。企业如何发掘与建设渠道显得尤为重要。

富士施乐是全球最大的数字与信息技术产品生产商，是复印技术的发明公司，具有悠久的历史。富士施乐公司在复印机市场的占有率，特别是彩色机器的市场占有率，占据全球第一的位置，其在彩色技术方面更是全球领先。

除了强悍的技术优势，富士施乐的管理之道也非常值得我们学习，其在渠道管理方面始终比同行更合理、更科学。富士施乐强调渠道生态系统建设，努力缩减中间环节，同时还在行业中率先实施"共生营销"策略。富士施乐逐渐成为中国复印机市场的老大。

20世纪90年代，中国的快速发展吸引了不少外商，富士施乐正

02　深入渠道，和渠道成为密友

是看中了这个发展契机，疯狂奔向中国市场。

富士施乐能够打入中国市场，还是要归功于其善于发挥渠道优势。要知道在20世纪五六十年代，日本制造业以低成本的竞争优势占领低端市场；到了20世纪70年代，日本才逐渐将产品往中高端发展。

而那时中国的制造业还很落后，面对的挑战就是如何把制造业从低价格、低成本的状况，提升到更高的技术含量。富士施乐正是此时看准了这一机遇，分析了当时中国市场的需求状况，随即在华大量投资，以扩大其竞争实力。就这样，富士施乐开始大规模攻占中国的一二线城市市场。

即便取得了傲人的成绩，富士施乐也并未自满，依然紧跟市场步伐，又迅速将渠道部门整合，独立出来了打印机事业部、复印机事业部、耗材事业部和一个更为独立的市场部，以便更加快速、灵活地应对市场变化。

2005年，中国的复印机市场增速放缓，富士施乐改变应对策略，从部门级设备作为切入点，低端与中端设备有渠道运营商稳定的销量，高端则采用直接与用户接触，产品趋向于多功能一体式机型，此次转型也帮企业稳住了市场领先地位。

富士施乐通过渠道运营，获得了不同层次的市场以及较为完备的营销体系，为企业的发展打下了坚实的基础。

富士施乐的发展，让我们看到了发掘与建设渠道优势的重要性，那么一般企业应该如何发掘与建设渠道优势呢？主要有以下几个方面。

及时进行有效的市场调查

随着社会的发展，企业之间的竞争越来越激烈，所以要想自己的产品比同行销售得好，就要及时去了解和把控市场情况。当然了，在这个过程中就要做出系统的、客观的、广泛的、长远的考虑。即便市场是瞬息万变的，但是只要摸清其发展规律，把握住消费者的心理活动，就可以做出更加合理的决策。如此一来，也可以提高竞争优势，渠道优势也就会随着市场调查而被我们探索出来。

市场调查主要包括以下几个方面。

第一，市场环境的调查。

市场环境调查主要包括调查经济环境、政治环境、社会文化环境、科学环境和自然地理环境等。具体的调查内容可以是市场的购买力水平，经济结构，国家的方针、政策和法律法规，风俗习惯，科学发展动态，气候等各种影响市场营销的因素。

第二，市场需求调查。

市场需求调查主要包括消费者需求量调查、消费者收入调查、消费结构调查、消费者行为调查，即消费者为什么购买、购买什么、购买数量、购买频率、购买时间、购买方式、购买习惯、购买偏好和购买后的评价等。

第三，市场供给调查。

市场供给调查主要包括产品生产能力调查、产品实体调查等。具体为某一产品市场可以提供的产品数量、质量、功能、型号、品牌等，生产供应企业的情况等。

第四，市场营销因素调查。

市场营销因素调查主要包括对产品、价格、渠道和促销的调查。

产品的调查主要有调查市场上新产品开发的情况、设计的情况、消费者使用的情况、消费者的评价、产品生命周期、产品的组合情况等。

产品的价格调查主要有调查消费者对价格的接受情况，对价格策略的反应等。

渠道调查主要包括调查渠道的结构、中间商的情况、消费者对中间商的满意情况等。

促销活动调查主要为调查各种促销活动的效果，如广告实施的效果、人员推销的效果、营业推广的效果和对外宣传的市场反应。

第五，市场竞争情况调查。

市场竞争情况调查主要包括对竞争企业的调查和分析，了解同类企业的产品、价格等方面的情况，他们采取了什么竞争手段和策略，做到知己知彼，帮助企业确定企业的竞争策略。

销售渠道的选择

在营销的过程中，选择合理的销售渠道尤为重要。只有在合适的地点把合适的产品销售给合适的人，才算是完成一场交易。只有渠道选择正确了，才可以充分发掘与建设渠道优势，这样一来也就能够适应瞬息万变的市场了。那么渠道应该如何选择呢？

第一，对自身产品进行合理的定位。

这个定位包含产品的价值，是否满足市场需求、技术含量等相关要求。可以将自己企业与竞争者的产品进行分析比较，分析本企业及竞争者所销售的产品。在分析的过程中还要找出自身产品与竞争产品的差异性。比较并得出自身产品和竞争产品都有哪些差异，这样能够更好地了解产品本身。

第二，评估渠道收益。

企业生产产品的主要目的还是赢利，所以在选择渠道的过程中一般都会优先考虑能够带来更大利润的渠道。那么，应该如何评估呢？这就需要进行实地的市场调查，比如调查该产品的月销售额，比如该产品一个月所产生的纯利润，这些都是需要考虑的因素。最后将采集到的这些信息进行综合分析。

选择合适的经销商

经销商对于小型企业的发展十分重要，它是小企业产品在市场上赖以生存的唯一支柱，由于缺乏经济能力，无论在整体推广还是与渠道经销商的谈判筹码上，小企业均占不了主动权，所以，小企业选择合适的经销商并与之合作，就显得尤其重要。

一般而言，大的经销商可能会不乐意与小型企业进行合作。企业要结合自己企业的规模来选择经销商，不要因为是小型经销商就拒绝合作，对于小型企业而言，还没有完全掌握市场的发展规律，还是一步步来，选择适合自己的经销商。

03

管理渠道，
一切尽在掌握

优秀的管理者，不会刻意利用自己的职位去为难或压制别人，而是通过智慧的手段，让所有人甘愿或有动力为企业服务。

调动其积极性，使其为企业服务之后既有成就感，又对管理者心服口服，这才是一个优秀的管理者应有的个人魅力。

如何成为一名优秀的管理者

管理者是指在组织中直接参与和帮助他人工作的人,管理者通过其地位和知识,对组织负有贡献的责任,因而能够实质性地影响该组织经营,达成成果。现代观点强调管理者必须对组织负责,而不仅仅是监督指导,与管理者相对应的是非管理者。

当代社会,无论哪一个领域或者工作的开展,都离不开管理,合理、有序的管理,正是健康、稳定发展的保证。政府部门有政府部门的管理者,事业单位有事业单位的管理者,企业也有企业的管理者。不论在哪个单位以及什么样性质工作岗位担任管理者,都要对本部门的事情以及人进行管理,并使得其能够有序运行,最后获得经济效益和社会效益。

那么一个合格的企业管理者有哪些标准呢?任何管理者都有其自身的"性格",一个合格的管理者不需要是一个十全十美的人,也不需要在某个方面有重大研究成果,只要能够做好"管理",让身边的人为自己所用,激发所有工作人员的智慧和潜能,并且能够给个人和企业带来利益,就已经做得很成功了。

人人都可以成为管理者,但是要成为一个优秀的管理者并非人人可以。很多人觉得管理者就是用自己的地位和气势来压别人,不管别人乐意与否,只管听从号令就可以了,这种想法是完全错误的。优秀的管理者,不会刻意利用自己的职位去为难或压制别人,而是通过智慧的手段,让所有人甘愿或有动力为企业服务,调动所有人的积极性，让这些人为企业服务之后既有成就感，又对管理者心服口服，这才是一个优秀的管理者应有的个人魅力。

在其位，谋其政。如何成为一名优秀的管理者是每个管理人员在工作中一直渴望的。那么到底怎样才能成为一名优秀的管理者呢？我们来看看李嘉诚先生给我们留下的关于如何做一个优秀的管理者的宝贵经验。

说到李嘉诚，我想没听过的人一定很少。

李嘉诚是香港开埠后第三任首富。从1958年到2018年退休，其间，李嘉诚为企业、为社会、为国家做出了巨大的贡献。所有的辉煌成就和李嘉诚的管理能力是分不开的，他在长江商学院的演讲中讲到了自己幼年时的贫苦生活。那个时候的李嘉诚家庭经济窘迫，生活困顿，没有上学的机会，别说比肩管理大师、成为超级富豪，能顿顿吃上饱饭就已经心满意足了。即便生活如此苦涩，李嘉诚还是通过自己的努力摸索出了管理的真谛。

首先，在思想方面，李嘉诚给自己的定位是企业的领袖，而不是老板。李嘉诚认为，做老板简单得多，老板的权力主要来自地位之便，你可能生在一个商人世家，注定要当老板，也可能凭个人的努力和专业知识当上了老板。但是做领袖要复杂得多，领袖的力量源自人格的魅力和号召力。要做一个成功的管理者，态度与能力同等重要。领袖领导众人，促动别人自觉、甘心卖力；老板只懂支配众人，让别人感到渺小、卑微。

其次，李嘉诚认为好的管理者的最大的特点就是知道自我管理并把它当作一个重大的责任。在时刻变化的世界中，发现自己是谁，了解自己要成什么样的人，是建立尊严的基础。自我管理是一种静态管理，是培养理性力量的基本功，是把知识和经验转化为能力的催化剂。这个催化的过程很简单，就是在每个阶段都反复地给自己提出一系列问题，比如，我自己有什么心愿？我有没有面对恐惧的勇气？我自信能力、天赋过人，有没有面对顺流、逆境时懂得恰如其分处理事情的心力？每个人在不同的阶段、不同的时间、不同的境地甚至在不同的人面前给出的答案都是不一样的。所以我们要经常去思考这些问题，完成这个催化过程，对自己进行合理、及时的自我管理。

另外，李嘉诚表明一个好的管理者应该都是伯乐。"世有伯乐，然后有千里马，千里马常有，而伯乐不常有。"伯乐是什么？伯乐就是发现有才能、有潜力的人，发现并帮助他们走得更高、更远。千里马在伯乐的发现下才成为众人所知的千里马，所以千里马往往并不是那些名气大的企业或者人。社会在不断发展，所以一些滥竽充数的企业员工应该被淘汰，同时那些外强中干的人或企业也应被淘汰。挑选团队的时候，要及时发现那些仅有忠诚但能力低的人和道德水平低下的人，这些是最不可靠的。

最后，管理者必须拥有接受新事物、新思维并将其与传统中和、更新的能力。要保持企业生生不息的活力，管理者要赋予企业生命，而不是时时刻刻死守着自己的传统思维，待在自认为可靠的思维模式里。企业的核心目的就是追求效率以及盈利，尽量扩大自己的资产价值，所以要学会并善于转换思维，接受新鲜事物。

李嘉诚能够成为一个伟大的企业家，和他的管理艺术是分不开的，不知你从中有何感悟？我认为，一个合格的企业管理者，应该做到以下几点。

及时与员工进行沟通

管理者的职责不仅仅是让员工完成任务，还要让员工更有动力地投入到接连不断的工作当中，甚至是带着快乐的情绪努力工作。不管是正在攻克某个难关，还是已经完成任务，管理者都必须与团队进行合理而又有效的沟通，了解团队每个人的心理活动，了解在以后的工作中可能会出现的问题；还要给员工极大的鼓舞，这样才能让员工更加舒心地去为企业工作，团队的力量才能得到有效发挥。

学会进行及时而又有效的信息处理

打铁还须自身硬，如果一个管理者自己没有某个方面过硬的本领，谈何服众，也就不可能合格。作为一名管理者，就应该有敏锐的洞察力，能及时而有效地处理企业的相关信息。准确的信息是科学决策的前提，而且这一前提不会自然形成。

决策方案的科学性，由管理者所获得的信息的质量、数量和其信息处理的能力决定，所以管理者必须提高自己的信息处理能力。信息沟通贯穿决策过程的始终，及时发布企业的在市场上的一些最新消息，也可以公布企业取得的一些成就，这会激励员工的自信心，使员工更有激情投入工作。

出台合理的奖罚制度

管理者在进行管理的时候必须出台一套适合本企业发展的规则。无规矩不成方圆，要想企业有序发展，就必须有相应的规章制度，同时还要建立奖罚制度，要有能够刺激员工的奖惩措施，赏罚分明，公平合理。

需要注意的是，这个奖罚制度必须公开透明、坚决地落实，否则很可能弄巧成拙，失去人心。透明的奖惩制度才能让员工明白管理者赏罚分明并言出必行，这样才会培养员工对企业忠诚。

生活中多去关心员工

优秀的管理者懂得放下自己的姿态，能够平易近人地走到员工身边，生活中还可以和员工成为朋友。管理者不能总是高高在上的样子，要学会放下架子，多去和员工沟通，使彼此成为好朋友。

平易近人、关心生活的管理者，会让员工感受到来自公司的关爱

03 管理渠道，一切尽在掌握

和来自领导的重视，激发员工的工作热情，这样更有利于工作的进行。

成为一个优秀的管理者，并不是一朝一夕就能够做到的，这和我们的个人成长经历以及个人的品行等都有关系。但可以肯定的是，一个优秀的管理者会经常自我审视，知道自己是谁、想要做什么、有没有能力做成某件事情。

管理对渠道的重要性

不管什么部门都离不开管理，可能很多人会做管理，但是能够把管理做好的人则是少数。

一个企业要想做好渠道管理工作，那么这个企业必须对渠道的规划、建设、维护和调整等方面花心思。好的管理对于销售渠道的重要性不言而喻。

宏碁集团是全球名列前茅的PC制造商。但是宏碁能取得如此成就，也是走了不少弯路的。经过多年的探索，宏碁才完成了多品牌渠道布局，设计出适合自己企业发展的渠道管理模式，直到2009年才终于取得骄人的业绩。

宏碁是1993年进入中国市场的，那时联想等品牌还处于起步阶段，所以对宏碁根本没有多大的竞争威胁。然而令宏碁没有想到的是，在日新月异的PC行业，在狂飙突进的中国市场，转瞬即逝的十多年，联想、戴尔、惠普等企业相继入局并强势崛起，对宏碁造成了巨大的冲击。反观宏碁，在大陆市场的业务仍然处于摸索阶段，一直居于二三流的位置，丝毫没有实质性的突破与发展。

到底是什么阻碍了宏碁的发展呢？事实告诉我们，是渠道管理出现了巨大的问题，严重阻碍了宏碁在市场上的发展。我们一起来看看宏碁那些年是怎样将自己一步步推入发展困境的。

在管理渠道的过程中，宏碁并没有十分明确的计划，完全是按照自己惯常的做法任性而为。1998年，宏碁效仿其他外资企业的渠道管理模式，开始采用全国总代理制。2002年，宏碁把全国划分为七个片

03 管理渠道，一切尽在掌握

区，先后在北京、沈阳、西安、武汉、上海、成都、广州设立七个分公司。2003年，成立了11家分公司。2003年12月，宏碁开始变革渠道，取消了天承、八达、银嘉、双辉四大总代理，以新设立的18个分公司和新增加的数百名员工管理渠道，发展了600家分销商，全面推行渠道扁平化。2004年3月起，宏碁又撤销了8家区域总代理，开始与众多城市中小型代理商进行合作。至此，混乱的渠道管理以失败告终。

后来宏碁又选择了一些省级代理，但成效不大。由于新渠道管理的效果不佳。2004年中后期，宏碁又酝酿回归总代理制。2005年，宏碁再次对渠道进行重新设计，正式回归总代理制。之后宏碁又对自己的销售组织进行变革，除了北京、上海、广州三地之外，各地分公司都被解散，员工就地裁撤。用了三年时间，宏碁似乎还是处于一种混沌状态之中，不知道自己用什么方法管理渠道好，这就是问题所在。

宏碁在渠道搭建上走了很多弯路，那其渠道管理失败的内在原因是什么呢？

首先是因为宏碁急于求成，不管在台湾地区市场的发展有多成熟，也并不能代表扩展至全国市场之后就会一帆风顺，不是说照搬已有的市场管理模式就能发展好。进入一个全新市场的初期，都是需要不断摸索与创新的，而不是一成不变，更不是两眼一抹黑地横冲直撞。

同时，宏碁三年时间变革了很多次，这样不仅没有给自己带来可观的收益，还严重损害了经销商的利益，导致经销商与宏碁的合作意愿大幅降低。企业前期进入市场还没有熟悉环境，就急着要冲销量，结果就是出现了销量严重下滑的情况；而且宏碁对自己在台湾地区的渠道管理模式过于自信，甚至宣传册都是直接用已有的台湾地区的版本，专业词汇竟然全是台湾地区使用习惯的，这样就会带来阅读困难。看都看不懂，谁还想去买你的产品呢？宏碁对于自身的盲目自信，对于新市场渠道的盲目改革最终使得宏碁"水土不服"。

这就是由于管理不当而导致销售失败的例子，从宏碁过去的失败中，企业一定要吸取教训，不要再走宏碁的老路。好的管理对于渠道的发展十分重要，虽然宏碁目前在市场上的发展也在同行前列，但是如果当年给自己定位好，在销售渠道管理方面更合理一些，那么现在的宏碁一定能取得更高的成就。

一个企业如果给自己制定了错误的管理方案，稍有不慎就可能会造成巨大的经济损失，严重阻碍企业的发展，使企业失去市场竞争力，白白消耗很多资源，甚至会严重影响企业声誉，导致经销商对企业的合作意愿和信任度下降。管理决策是牵一发而动全身的问题，一个错误很可能威胁到企业的生存。好的管理是一个企业发展的重要的标准，关系着企业的命运。

既然好的管理如此重要，那么如何制定好的管理方案呢？

坚持原则

第一，坚持整体效率最大化原则。

在进行渠道规划的时候要考虑多方面因素，比如企业在今后的发展中的商流、信息流、物流、资金流等的顺畅性和运营维护成本，这样才能对渠道有一个整体的把握，才不会在接下来的发展中乱了阵脚。

第二，坚持渠道增值原则。

所谓渠道的增值，说通俗点就是努力发掘顾客身上的价值，通过渠道创新、功能发育、策略调整、资源投入等方法，提高服务能力，让顾客更加满意，继而更好地激发企业的潜能。

第三，坚持分工合作原则。

销售渠道是多元化的，一个企业要想发展得好，往往不会局限于一个销售渠道，企业不仅要使用不同类型的渠道覆盖相应细分的市场渠道分工，更要重视渠道成员之间合作共进，只有这样才能够提高工作效率，为企业带来更高的效益。

第四，坚持平衡性原则。

企业在进行渠道规划设计的时候要保持动态平衡，主要包含以下三个方面。

◇保证区域市场容量与批发商、终端的分销能力保持动态平衡。批发商的市场覆盖率越高，企业也就更容易充分占领市场；如批发商覆盖能力强，而其规划的区域小，或者终端布点太密，则可能加大销售成本，销售效率也将随之下降，还极有可能增加各区域经销商之间的矛盾冲突。所以企业在发展的时候一定要保持动态平衡。

◇在渠道结构调整方面，保证与区域流通业和用户消费习惯的发展变化保持动态平衡，尤其处在流通领域的变革时代更要如此。

◇在渠道策略与企业市场战略目标保持匹配，推动市场有序扩张和可持续发展。

进行合理化管理

第一，分配要合理。

分配的实质是利益的调配，在销售渠道方面，分配最直接的目的就是让各个区域的分销商能够和平共处，利益分配不公极有可能丧失人心。

利益分配不可能做到绝对公平，但起码企业在实在做不到合理化分配时，能把理由解释清楚，让合作方能够接受，毕竟企业要建立起公信力也是很难的，做不到合理分配，就要给出合理的解释，这样既是对分销商的尊重，也能体现自身的专业性。

第二，制定目标要合理。

企业在发展的时候必须有明确的目标，这样大家才能心往一处想，劲往一处使，更有激情去工作，形成合理的目标。

合理的目标是管理市场秩序的前提。市场价格秩序混乱、低价窜货严重，绝大部分是目标过高导致的。所以在执行目标的时候，一定要结合本企业的发展情况，切不可一味追高，或者不思进取，到最后让企业失去竞争力。

管理者的自我修养

提升自我修养是指一个人按照一定社会或一定阶级的要求，经过学习、磨炼、涵养和陶冶，为提高自己的素质和能力，在各方面进行的自我教育和自我塑造，是实现自我完善的必由之路。这是个人道德修养能力的培养和自我道德完善的过程。

管理者的自我修养对于一个企业的发展至关重要，管理者的言行举止时刻影响着企业的员工，所以一个拥有良好自我修养的管理者对于企业而言是一笔巨大的无形财富。

一般而言，管理者的自我修养，和其早年的成长经历、见闻、体验等关系密切，比如说一个在学校有良好行为习惯的人，走到工作岗位之后，如果没有发生什么重大变故，基本都会保持自己的优良习惯，将良好习惯投入到工作中，这无疑会形成一种良性循环。

一个合格的管理者，会把自己早期学习到的知识和工作结合，以良好的自我修养为催化剂，让两者之间形成良性转化，最后有效运用到实际管理工作中去。

自我修养不是先天的，是后天通过一些环境和经历逐渐培养起来的，所以管理者良好的自我修养，是可以随着时间的推移逐渐塑造的。

一个管理者的自我修养应该包括哪些方面呢？我们先来看看极具个人魅力的华为创始人任正非的自我修养。

说到华为，可以说无人不知，无人不晓。30多年来，华为一直都着力引领行业前行，创造商业神话。2017年，美国《财富》杂志发布了世界500强名单，华为排名第83位，首次跻身前百强。

2018年2月23日，沃达丰和华为完成首次5G通话测试。2018年5月13日，电广传媒与华为技术共同签署《战略合作协议》，以共建共营AMI（AI指人工智能，MR指混合现实，IP指知识产权）数据中心为驱动，升级广播电视网络架构，提供公有云服务，在智慧传播、智慧家庭、智慧城市等方面进行合作，共同推动广电业务的发展。

华为能够取得如此傲人的成绩和华为总裁任正非的管理是分不开的，任正非确实是一个优秀的管理者，他的很多领导艺术和个人魅力值得很多人学习。

1.低调做人，高调做事。

在我们大多数人的意识中，华为取得了如此骄人的成绩，任正非有资本高调行事，但任正非为人却低调而又谨慎。任正非一直被称为最神秘的企业家，这一点都不夸张。他鲜少接受媒体的正面采访，甚至有些利于华为品牌宣传的活动，他也会拒绝参加。他表示，他有自知之明，所以"耐得住寂寞，甘于平淡"。真正的成功者都是耐得住寂寞的人。不仅对外如此，任正非在华为内部也非常低调，甚至不少员工戏称，常常会认不出任老板，他的穿着就像是一个老工人，其低调程度可见一斑。华为的管理是出了名的，虽然任正非为人处世如此低调，但华为的员工都坚信他就是带领华为在茫茫草原上前进的头狼。这就是管理者自身的魅力。

2.危机意识。

任正非曾写下了《华为的红旗还能打多久》《活下去是企业的硬道理》来警示员工，要居危思安。在2001年，全球高科技产业普遍下滑，而华为却异军突起，逆势成长，成为一匹黑马，迅速位居全国电子百强首位。任正非又写下了《华为的冬天》来记录华为的艰苦时刻，文中如此写道：我们大家要一起来想怎样才能活下去，也许才能存活得久一些；华为存在的问题不知要多少日日夜夜才数得清楚，华为的冬天正在到来，各种机制、管理等正面临危机，已经到了不得不调整、改革的地步。

作为一名企业的领导人，任正非时刻保持着清醒的头脑，有着强烈的危机意识，不被成功冲昏头脑。

3.不追名逐利，顾全大局。

在华为公司的官网上，在董事会名单上，他只排在第五位。1996年，华为拟定了《华为基本法》，其中有两条令人瞠目结舌的规定：

一是实行员工持股制度，作为企业的创始人，任正非只持有1%的股份；

二是在技术开发上保持持续投入，将每年销售收入的10%用于科研开发。

创始人持有微薄的股份，如此高比例的研发投入，在整个中国商界乃至是全球企业中都是凤毛麟角的，任正非也算是开创了前无古人的"新一代企业家模板"。

1998年，华为又在企业的内部管理上投入数十亿美元，以IBM等西方企业为标杆，完善企业的管理体制。

2004年，华为创建了"集体决策"的团队管理机制，由8位管理层每半年一次轮流担任主席，后来将这种机制更深入应用，施行CEO轮值制度等。

华为在任正非的管理下一定会变得越来越好，任正非的自我修养也是我们学习的榜样。

作为企业管理者，除了学习任正非的低调、有危机意识以及顾全大局，还应该学习哪些品质呢？

具有强烈的责任心

不管哪一个组织或者机构的管理者，权力和责任几乎是一体两面的，不仅有权行使职权，更有义务去承担相应的责任。管理者在进行管理的时候，一定要明确自己的职责，知道自己应该去干什么，有勇于承担责任的精神。因为管理者的所作所为都会被员工看在眼里，记在心里。一个不负责任的管理者，是很难获得其他人的尊重和拥护的。

权力越大，责任越大，管理者必须明确这一点，不能逃避责任，更不能滥用职权，千万不要觉得自己是管理者就比别人高一等。其实管理与被管理只是一个分工合作的过程，如果员工不配合，企业的相关事务就无法正常进行。所以管理者必须以身作则，负起应有的责任。

拥有自信

可能有些人会反驳说："都已经是管理者了，怎么还缺乏自信啊？"这不奇怪，有些管理者确实是严重缺乏自信。管理者的自信和我们一般人的自信是有所区别的。常见的一个重要标志，就是对鸡毛蒜皮的小事不放心，凡事都要过问。既然选择让员工做了，就应该相信自己员工的能力，可是有些管理者还是要把所有事情都把控在自己手里。

其实，这就是缺乏自信，因为他们对员工所做的事情并没有透彻地了解，更别提什么预见性了，所以他们就满足自己的控制欲去控制对方。

自信对于管理者而言尤为重要，管理者的自信在日常生活中也是可以培养的，比如培养自己的组织能力，培养自己的发散性思维等。其实最重要的还是提高个人专业能力，只有自己的能力上去了，对很多以前没把握的事情会突然感到眼前一亮，变得了然于胸，这个时候自信心马上就来了。

学会管理好自己的情绪

并不是所有人都能管理好自己的情绪，我们经常可以看到很多人在公众场合下情绪失控。管理者对自己情绪的良好控制力，是团队成

03 管理渠道，一切尽在掌握

功的重要前提。因为管理者的行为、心态会影响到员工，管理者的热情、期望和信心，往往会在员工身上有所反映。如果管理者总是以一种消极的情绪对待工作与生活，那么其下属也会受到这种态度的感染，工作效率也会随之降低。

一位能有效控制自己情绪的管理者，不仅会给其组织成员起到示范作用，同时会帮助他在成员心中树立威信。高效的管理者明白保持平衡、自我控制的重要性，并会做出表率，将这一经验传授给下属，使得整个团队在危机来临时能保持平和的心态，共渡难关。

做客户的倾听者

我们都应该学会并善于倾听别人的想法。善说者，不如善听者。一个不懂得如何倾听别人想法的人，在与别人进行互动的时候，就无法对别人的想法做出准确回应。

在当今社会，我们提倡积极地向外界展示自己，但是我们更喜欢那些善于倾听别人想法的人。如果一个人只是忙着表达自己的观点而不给别人讲话的机会，这其实是对别人的一种不尊重，很多时候极易导致失去一些机会。

事实证明，那些优秀的销售人员并不是最能说会道的人，而是善于倾听，善于了解顾客的需求，与顾客能进行良好互动的人。这就像我们大多数人在看一本书之前先去看目录一样，我们先要了解目录里面的大概内容是什么，然后再考虑我们能不能看懂，或者看了之后对我们现在或以后有没有帮助。这些都是我们需要考虑的问题，而不是拿到一本书不管它讲什么，自己就随便乱翻，这样不仅浪费了时间，也没有学习到什么有帮助的内容。做销售就跟拿到一本自己以前从来没有接触过的书一样，必须先去了解它的梗概，再开始阅读详细内文。

善于倾听在销售过程中十分重要，下面我们一起来看看关于奥迪在市场上博得大众喜爱的小诀窍。

在竞争越来越激烈的中国汽车市场，一个品牌能够长久地被大众

03　管理渠道，一切尽在掌握

接受并有着高回购率是一件非常不容易的事。一个产品能否被大众接受，除了依靠产品本身的质量、品牌、企业的技术以及各种营销方案之外，还需要良好的配套服务。

1998年，奥迪与一汽携手共进，自此以后奥迪在中国车市就一直被大众所认同。时至今日，奥迪在中国累计销量三四百万辆，稳坐中国豪华品牌销量冠军宝座，并保持强劲增长。奥迪能够取得如此好的成绩和奥迪的服务是分不开的。

2012年10月，德国《明镜周刊》曾经将焦点对准了一家来自中国的汽车经销商，并做了长篇报道。文中这样写道：作为提供高档车销售和一流服务的奥迪经销商，位于中国成都的新元素奥迪向世界证实了奥迪的高品质和高质量。然而令大家感到不解的是，成都新元素奥迪2009年才刚成立，为什么这家奥迪经销店能够快速进入人们的视野，并且成为奥迪全球经销商的典范呢？其实这和成都新元素奥迪背后的服务是分不开的，准确来说就是能够认真倾听消费者的想法和心声。

这一点作为成都新元素奥迪第一批销售顾问的袁熙深有感触，这位元老级销售顾问创造了销售界一个不大不小的奇迹。2009年，袁熙个人仅用了半年时间便销售了整整100辆奥迪，而正当人们还没从这种惊讶中缓过神来，随着12月31日新年的钟声敲响，袁熙个人的销售成绩被定格在了214辆，这一度成为业界广为流传的神话。

袁熙的销售单中几乎一半来自老客户的二次购车或者推荐，这再一次印证了他所说的话：销售不是讨价还价的过程，而是交友的过程。袁熙在分享他的成功之道时说：大多数人认为销售是信息的传递者，而实际上销售应该首先学会做一个倾听者，真正了解顾客的需求，并用自己的专业知识为顾客解决疑虑，而不是像一个商人，只会用金钱来与顾客对话。

袁熙特别提到，一位顾客走进店里准备为老婆购买一辆代步车，这位顾客并不是奥迪的拥趸，此前也并不了解奥迪，但他老婆对奥迪A4L的设计、配置、舒适性等情有独钟，而自己作为当时的销售顾问从始至终耐心地为他们讲解了A4L的性能、配置以及一系列他们所关心的问题，并提供周到的服务，最终他们买下了一辆奥迪A4L。

但是这并不是故事的结尾，在此之后，这名客户又为自己买了一辆奥迪A7，他的公司再购进一辆奥迪A6L。值得一提的是，后两辆车的购买过程，从顾客进店到完成订单仅用了10分钟时间，而这一切，都源于袁熙的专业、耐心以及顾客对销售顾问、经销商及奥迪品牌的信赖，最重要的是袁熙的善于倾听让顾客感受到了热情和诚意。

袁熙说："我们卖车，也售卖生活。"这才是一个销售人员的最高境界。

在销售的过程中，应该尽可能地让顾客占有更多的选择权，袁熙确实做到了，他懂得先去了解顾客的需求，让顾客先表达自己所需，然后再进行讲解。所以销售并不能一味地向顾客推销，而是要让顾客主动对自己的产品产生兴趣。

要让顾客把心底的话讲出来，销售人员要很清楚他们到底需要什么。客户的需求是多种多样的，有些客户讲求的就是舒服的购物体验，有些客户想得到的是一份尊重，有些客户想得到的是经济利益，有些客户想寻找到的是一种长期、稳定的合作关系等。

销售人员在面对不同的客户需求时，就要尽一切所能去帮助客户排除忧虑，在不违反公司原则和人格底线的情况下，尽力满足客户的要求。销售人员让客户满意了，甚至和客户成为无话不谈的朋友了，转介绍自然就来了，口碑自然就立起来了，业绩自然就上去了，最后实现企业的长期高效稳定发展。这种看似轻松的水到渠成，实际上都是建立在倾听客户诉求、用自身的专业和诚信来打动客户的基础之上的。

倾听的重要性不言而喻，那怎样才能做一个善于倾听的销售员呢？

克服以自我为中心

很多销售员在和顾客进行交流沟通的时候一直在向顾客强调自己的产品有多好，在市场上有多畅销，完全不给顾客发表意见的机会。

这样的销售方式，顾客不仅体会不到尊重，更无法从内心真诚地接受向他们推销的产品。所以销售人员要学会适可而止，不要以自己或者产品为中心喋喋不休，这样一来顾客很难对产品产生好感，销售过程也很难顺利地进行下去。

提出的问题要有预见性

我们说销售人员要善于倾听，不是说一言不发，跟个木头人一样，这样绝对是不行的。我们可以发声，但是要保证自己提出来的每一个问题都有预见性，说的每一句话都能将此次销售带向有利的一面。当然了，销售人员在提问题的时候也要学会主动打开话匣子，让自己和顾客在言语上更近距离接触，这对于后期的交流沟通是很有帮助的。

学会不断认同顾客

因为销售人员是在和顾客打交道，如果产品销售出去了，最大的受益者还是公司和销售人员，所以在顾客讲话的时候，一定要学会去认同顾客，顾客说多吃糖好，销售人员就不能因为自己觉得多吃糖不利于身体健康而和顾客展开一系列争辩，这无疑对于销售结果有弊无利。当然了，认同也不是顾客说什么都要顺着去"捧"，这种情况下，聪明的销售员会对顾客的观点表示认同，即使是表达不同观点，也会非常委婉，总之就是要和顾客尽量达成一致，并且让顾客感受到自己的专业和真诚。

学会用眼神进行交流

在与顾客进行交流的时候，为了不打断顾客的讲话，销售人员可以和顾客进行眼神交流。但如果一直盯着顾客，可能会使他们感到不自在，甚至想尽快结束与你的谈话。为了克服这一点，可以每隔5秒进行一次眼神交流，不宜太频繁或形成对视，这样会暗示对方你想结束这场谈话。当你在听顾客讲话的时候，如果眼睛直勾勾地看着顾客，那是一种不尊重、极不专业的表现，会让顾客想逃离与你的谈话。所以倾听的时候，看着对方的一只眼睛，过5秒钟，视线移向另一眼睛，再过5秒钟，移向嘴。保持三角形的路线移动。

还有一个技巧就是点头，适时地说"是的""对""嗯"等词语，表现出自己在认真倾听并认同顾客的观点。这样对方会感到你对他的谈话内容感兴趣，也会愿意与你交谈，并对你留下良好的印象。

渠道的真正需求是什么

渠道的优劣对整个企业的发展影响很大，那么一个真正的渠道需要的是什么呢？主要有以下几个方面。

合理的战略决策

所谓战略决策，是指对关系企业全局和长远发展的重大问题的决策。战略决策一般都是非程序化的，并且带有一定风险的决策。企业的战略决策包含了企业所有的事务，涉及企业发展方向、经营方针、经营目标、产品发展、技术改造、市场开发、企业转向、人力资源开发等事关企业生存的重大问题。

合理的战略决策是企业迈向成功的第一步，其实这很好理解，个人有个人的生涯计划，企业有企业的发展战略，国家有国家的战略目标，只有制定了"战略"，我们在思想上对于自身的发展目标才会更加明确。

第一，企业在战略决策时的注意事项。

◇一定要充分考虑自己的经营环境因素。这些因素包括经济因素、政治因素、科技因素、法律因素（比如必须遵循某些法律法规）、社会因素（在道德允许的情况下开展活动）等。

◇企业自身的状况。一个企业在刚起步的时候，一定要对自身的状况有清醒的认识，包括人力、物力、财力、自然条件、技术专利、商标信誉等经营资源条件，还有企业的生产能力、技术能力、销售能力、竞争能力、适应能力以及管理水平等。清楚自己的斤两，才能找准自身的定位，制定合理的战略决策。

第二，企业战略的分类。

企业战略主要可以分为三大类，分别是总体战略、竞争战略和支持战略。

◇总体战略又称为经营战略，是指为实现企业总体目标，对企业未来发展方向做出的长期性和总体性战略，是统筹各项分战略的全局性指导纲领，是企业最高管理层指导和控制企业一切行为的最高行动纲领。

企业总体战略的内容包括经营范围的选择、为经营范围服务的特异优势、战略推移和可能的时间策略、追求的目标结果等。

受外部环境影响，企业总体战略可分为多种，企业可以在发展的过程中根据自身情况进行战略类型的选择，一般可分为防御型战略、稳定型战略、紧缩型战略、混合型战略、进攻型战略、增长型战略等。

◇竞争战略被认为是企业战略的一部分，是在企业总体战略的制约下，指导和管理具体战略经营单位的计划和行动。企业竞争战略要解决的核心问题是如何通过确定顾客需求、竞争者产品及本企业产品这三者之间的关系，来奠定企业产品在市场上的特定地位并维持这一地位。竞争战略只是企业战略的一部分。

◇支持战略是按照总体战略对企业内各方面职能活动进行的谋划。支持战略一般可分为生产运营型战略、资源保障型职能战略和战略支持型职能战略。支持战略包括生产运营型职能战略、资源保障型职能战略和战略支持型职能战略。

支持战略是为贯彻、实施和支持企业总体战略与竞争战略而在企业特定的职能管理领域制定的战略，其重点是提高企业资源的利用率，使企业资源利用最大化。支持战略与企业总体战略、竞争战略必须相辅相成。

卓越的管理团队

企业要发展就要进行管理，而卓越的管理团队是企业发展的根本保障。卓越的管理团队应该具有哪些基本品质呢？

第一，临危不惧，遇到困难不退缩。

企业在发展的过程中总会遇到各种各样的问题，这个时候就需要管理团队做到临危不惧，想方设法解决问题，而不是逃避或者敷衍，只有这样企业才能够在风雨的磨砺中变得更加强大，管理团队才能收获更多经验，应对更多挑战。

第二，不断学习。

我们每个人都应该有终生学习的意识，对于管理团队而言更是如此。及时学习新观点，不断丰富自己的知识储备，强化自身的专业能力，拓展自己的思维边界，不断开阔视野，升级认知，只有这样才能适应多变的市场环境。

第三，要学会团结。

在管理团队中，肯定会有分级现象，某些管理者看到别人职位比自己高，可能会心生嫉妒，这时就会对合作造成不利的影响。团队工作中最忌讳的就是这一点，只有大家心往一处想，劲往一处使，企业才能稳定发展，个人也会从团队中获得成长和收益。如果各自为战，一人一条心，都按照自己的想法行事，到最后不仅会影响个人的发展，更重要的是会损害团队的利益，影响企业发展。

其实上面所提到的都是企业管理团队人员自身所需要的最基本的品质，要想做好管理，仅仅拥有这几点还是不够的，这就要求管理团队在工作的过程中自己摸索，将自己变成优秀的管理者，让整个管理团队变得更加卓越！

完善的企业制度

企业制度是指在一定的历史条件下所形成的企业经济运行和发展中的一些重要规定、规程和行动准则。现代企业制度是指建立在现代生产关系的基础上，适应市场经济的产权清晰、权责明确、政企分开、管理科学的各种规定、规则和行动规程的统称。建立现代企业制度是企业改革的核心。

企业制度是企业赖以生存的基础，是企业及其构成机构的行为准则，是企业员工的行为准则，是对企业功能的规定，是企业的活力之源，是企业有序化运行的体制框架，是企业经营活动的保证。

及时进行企业内部沟通

企业在经营管理和日常事务中，由于人与人之间、部门与部门之间缺乏沟通和交流，常常会造成一些摩擦、矛盾、冲突、误解，这直接影响到公司的气氛、员工的士气和组织的效率，影响企业团结，造成内耗，成本增高，甚至威胁到企业生存。

一个组织的沟通效果决定了组织的管理效率，在企业的经营管理过程中，如果能做好组织沟通，对促进企业绩效目标的实现能起到事半功倍的效果。

畅通而有效的组织沟通，有利于信息在组织内部的充分流动和共享，有利于提高组织工作效率，增强民主管理，促进组织决策的科学性与合理性。

沟通主要有以下作用。

03 管理渠道，一切尽在掌握

◇促进企业目标实现；
◇促进组织企业文化建设；
◇促进员工关系；
◇增强员工的参与度、归属感、荣誉感和责任心。

有效的企业文化沟通，利于全员了解组织目标、价值观、管理制度等，统一全员思想和行动，做到行动一致。

渠道的成功离不开好心态

我们先来看一个案例。

在美国独立战争时期,华盛顿所率领的部队几乎攻无不克,战无不胜。但就是这样一支战功赫赫的部队,无论是在人数上,还是在武器装备上,同其他部队相比都不占优势,甚至处于绝对弱势,但华盛顿能率领这支部队屡次打败比他们强大得多的敌人。

这其中,当然离不开华盛顿的军事才华,但最重要的是:华盛顿总是用自己坚毅、乐观的心态去感染手下的将士。每次出发之前,华盛顿总会充满激情地对士兵们说:出发吧小伙子们,用你们的热血去捍卫自由和民主吧。每个人都会为你们感到自豪!当战势不利时,他不会去责备任何一个人,即使这个人犯了错误,他也不会多说什么,依旧像以前一样,从他脸上看不到任何焦急与紧张。他总是和蔼地慰问伤员,充满激情地到士兵当中去鼓舞他们、激励他们。

在华盛顿的带动下,所有士兵的求胜欲望都被调动起来,他们总是以加倍的勇敢来回报华盛顿。这样的部队自然战无不胜。

这是一个耐人寻味的故事。作为整支军队的管理者,华盛顿所率领的部队人员数量以及武器装备方面都不如别人,场还能获得一次次胜利,这和华盛顿个人的良好心态是分不开的。

作为管理者,不管在什么情况下,都应该保持乐观、积极的良好心态,只有这样才有可能披荆斩棘,创造出一个又一个奇迹。如果遇到困难,管理者先垂头丧气,丧失信心,那整个团队是根本不会有什么成就的。

03 管理渠道，一切尽在掌握

其实，不管是军队、公司还是个人，我们都应该有一个好心态。

同样，良好的心态也应该展现到销售工作中，销售渠道的成功离不开好心态。我们知道很多企业都在市场上拼产品，拼价格，拼服务，其实说到底最基本拼的还是管理者和员工的心态。在渠道管理中，如果员工们都能有一个好心态，那每个人也都能做好自己的工作。懒惰、消极、不思进取的人是不会有多大成就的，把销售渠道交给这样的人去做，会给企业带来沉重打击。

某企业有两个心态不同的员工，他们最后获得的东西也不一样。一个员工在该企业已经干了五年，然而不仅职位没有上升，工资也少得可怜。老实说这个老员工很有经验，也很有能力，可是为什么会遭到这样的待遇呢？难道是因为得罪了领导？

其实并不是这样，因为他一直兢兢业业，也没说过什么得罪人的话，但一直没得到重用，就这样引来同事们的议论。另一个员工是来公司仅仅上班了一年的小李，待遇已经非常好了，不仅工资比那个老员工高，而且升职很快。小李有一个特点，就是心态好，不管遇到什么事情都积极乐观，学习能力也很强。有一天，这个老员工终于忍不住向老板大吐苦水。老板对他说："你虽然在公司待了5年，但你的心态实在太差了，遇到事情就抱怨，你觉得这样的心态能够做成什么大事吗？"

在企业待了5年，却一直没有明白自己为什么不被领导重用，老板的一番话才让他警醒，他心中也有些懊悔。

现在很多企业非常注重员工的心态素养，很多人表面上看起来很有能力，可是一遇到挫折或者困难就瞬间"崩塌"，对于这样的"人才"企业是不敢要的。一个人的心态很重要，即便你能力很强，但是如果没有一个好心态，遇事畏难情绪很大，抗挫折的能力也很弱，是不会得到领导重用的。

无论哪个领域的佼佼者，他们的心态几乎都比常人要好。美国曾有一项对1000名世界知名成功人士的研究，结果表明，积极的心态决定了成功的85%！这就看出一个具有良好心态的员工、管理者和团队对公司发展多么重要！所以当我们在做渠道的时候，一定要保持好心态，一个只会自怨自艾的人难堪大用。

中国经济经过了近些年的飞速发展，取得了令世界瞩目的傲人成绩。然而有发展就有竞争，企业在竞争中会面临很大压力，这个时候就应该有一个好心态。

现代企业间的竞争是非常激烈和残酷的，企业必须具备良好的心态，才能应对企业发展过程中所遇到的各种问题，保证企业在现代经济环境中快速成长，拼出属于自己企业的市场份额。

上海聚丽照明就是一个拥有良好心态的企业。在上海聚丽发展的前期，上海聚丽照明销售LED导光板并不是非常顺利，相反地，销售遇到了很多的阻力。但上海聚丽照明并没有因此就自乱阵脚，而是更加充满斗志。

他们及时分析其中出现的问题，进行各种专业研究，在LED导光板销售方式上找到了突破口，加上企业生产的产品性能、质量又取得了技术进步，最终在LED导光板的销售上取得了领先同行的业绩。打开了市场销路，这也为上海聚丽照明产品带来了更多的发展机遇，成功地吸引了一批如大酒店、大企业的大客户，为上海聚丽照明形成品牌效应打下了坚实基础。

能够取得如此成就，可以说都是企业的良好心态在发挥作用。如果前期面临困境时企业盲目决策或者意志消沉，那日后的成功也就无从谈起了。

那么企业员工在销售的过程中，如何保持好的心态呢？主要应做到以下几点。

03 管理渠道，一切尽在掌握

保持乐于学习的心态

我们经常羡慕那些能够快速接受新事物、新思维的人，殊不知他们为了学习这些新知识付出了大量时间和精力。所以与其羡慕，还不如从现在就行动起来，培养自己乐于学习的心态，这个社会瞬息万变，只有不断学习才能让员工以不变应万变，更好地适应社会。

这里所说的学习，不仅仅局限于文章、课本，而是包罗万象，可以是学习一项技能，也可以是学习别人的好习惯，总之要有乐于学习的好心态，有的时候我们无意间学到的东西，恰好就能应用到渠道建设上来。

敦本务实的心态

不管是个人还是企业，也不管是员工还是管理者，我们始终都要有一颗求真务实的良好心态。脚踏实地去做每一件事情，这样自己才会成长得更快。现在的社会越来越浮躁，很多人喜欢做一些很虚的事，其实到最后自己的虚假面孔还是会被别人戳穿，还把时间浪费掉了，为什么不真实一点呢？做渠道的时候，企业成员也应该保持敦本务实的心态，因为我们的产品面对的是大众，我们需要对大众、对渠道成员负责。

合作的心态

一棵小树弱不经风，但是百里森林能够并肩耐岁寒。一个企业一定要抓住自己的核心能力进行纵向发展，这样才能在众多竞争对手当中脱颖而出。团队合作，是为了到达既定的目标所显现出来的一种自愿合作和协作努力的精神，真正的合作是以"心甘情愿"为基础的，这样的合作必将产生一种无形而又持久强大的力量，他能够调动所有成员的资源和才智。团队合作对于企业发展的意义更大，只有团队成员之间齐心协力，企业才会更加健康地发展。

对消费者保持敬畏之心

尽管时代在变迁，经济在发展，可是有些东西是亘古不变的。不管我们身处何方，我们每个人都应该有一颗敬畏之心。这颗敬畏之心可以是对朋友，可以是对家人，也可以是对同事，甚至可以是对大千世界的花花草草。

然而令人遗憾的是，现在社会上很多人早已将敬畏之心抛诸脑后。那么何为敬畏之心呢？敬畏心是一个人思想灵魂中最基础的素质，更是一个民族不可或缺的优良品质。

做企业要时刻心存敬畏

南宋大学者朱熹在《中庸注》中说："君子之心，常存敬畏。"中国传统文化历来重视敬畏心。敬畏心不是迷信，它是人对自然规律和社会规律，对人与自然相和谐应怀有的一种敬重与畏惧心理。这种心理具有警戒、自省的作用，有助于规范和约束人的言行举止。

德国哲学家康德一生中敬畏两件事：一是浩瀚的星空，二是内心的道德。道德不分国界，它就像一把尺子，直指人心，敬畏心正是这把尺子上的刻度。

古今中外，很多的仁人志士都将敬畏之心铭记心中，时刻注意自身的言行。而有些人吃不到葡萄就说葡萄酸，看到别人有成就了就嚷嚷着自己只是没有去努力，如果努力了就一定会比别人好。诸如此类的言论数不胜数，一个人如果没有了敬畏之心，肯定也不会有什么大作为。

03 管理渠道，一切尽在掌握

一个人需要敬畏之心，一个企业更是离不开对顾客的敬畏之心。一个有抱负的企业，一定会对顾客存有敬畏之心，永远尊重顾客。

不管企业是在初创阶段还是已经发展壮大，都不能不择手段地去追求利益。如何对客户心存敬畏，主要有以下几点。

信守承诺

巴尔扎克曾说："千金有信可在得，无信之而无千金。遵守诺言就像保卫你的荣誉一样。"遵守承诺是做人之根本，如果答应了别人，就要按诺言去做，不能找借口推脱。

人无信不立，业无信不成。对于一个企业而言，信守承诺是这个企业无形的资产，拥有诚信可以提高自己在市场上的竞争力。对一个品牌、一家企业来讲，诚信是灵魂、是生命、是企业生存和发展永恒的动力。失去诚信，企业衰亡是迟早的事。在激烈的市场竞争中，"诚信是最好的竞争手段"。企业和企业家只有通过自己诚信经营先争到诚信的"名"，才能在市场中获得更大的"利"。古今中外，不讲信用的企业和企业家可能得逞于一时，但必不能长久，只有坚持诚信经营的企业才能长盛不衰。

顾客是一个企业生存的前提和基础，企业只有做到对顾客忠诚和敬畏，才能换来顾客的认可，带来生存来源，才能让企业发展得更好。

为顾客提供高质量的服务

作为企业，需要洞悉顾客需求的是什么，时刻注意顾客需求的变化。时代在发展，社会在进化，市场也有波动，企业只有时刻关注这些变化，才能把握顾客的消费心理和购买需求，同时带来的更多服务以及各种服务的变革，不管是无形的还是有形的服务，都要求我们顺应时代的变迁，给客户提供更好的服务。

服务虽然需要制度化，但同时需要变通。当顾客对购物过程或服务表示不满时，确保员工知道该如何正确处理。若顾客产生抱怨，试着站在他们的角度去看待问题，审视顾客的诉求，而不要被他们的恼怒情绪和激烈言辞所左右，做出冲动的行为。

在当前大的经济发展放缓的形势下，无论是厂家还是商家一定要回归消费的本质上来，研究消费者，服务消费者，不然被抛弃、被遗忘的肯定是厂家或商家自己。

04

渠道维护，
正确地征服销售渠道

合理的销售渠道有利于企业长久发展，企业通过建立有效的渠道可以吸引更多的客户。

某种程度上讲，渠道甚至是企业制胜市场的关键。在产品、价格高度同质化的背景下，渠道建设及管理已成为企业的核心竞争力。

最大机会得到平台主推渠道的方法

渠道推广（行业内特指批发渠道，不包括零售终端）是营销推广中非常重要的环节，直接关系到产品在市场上的流通状况，以及在整体策略上能否策应对消费者的拉动。

其实不管是在哪里进行推广，也不管是用何种形式进行推广，推广渠道的目的都是吸引更多用户关注，更好地把产品或服务卖出去，所以很多企业努力让平台主推自己的产品或者服务，以期获得更大的影响力，增加销量，获取收益。

截至2017年底，从事美容行业60年的多芬是全球著名的女性护理品牌，是联合利华最有价值的品牌之一。几十年来，多芬一直用真人来做广告。就像多芬的英文名字Dove一样，这是一个象征着希望、快乐、和平、积极的名字。其旗下产品包括护肤品、洗发用品等。在沐浴露市场，同类产品主要强调功能性，多芬在"滋养"功能这一领域占据了一席之地。

多芬通过对"滋养"含义的深层解读，强调多芬产品对肌肤滋养以及人与人之间的情感呵护，大家可以去看一下多芬的产品，几乎所有的产品包装上都有"滋润"两个字。

为了传递品牌理念、赢得用户认同、提升品牌好感度和在中国市场的品牌渗透率，多芬在2014年与京东合作推出了一部微电影，该电影主要讲述的是闺密之间相互"滋养"的情感故事。多芬将此次活动从视频延伸到了电商促销平台，平台对多芬产品也进行了大力推广，这次最大的特色是邀请观看用户购买定制多芬礼盒，并赠送给自己最好的闺密，和消费者一起完成给闺密的惊喜，将闺密间日常在微信等社交媒体里的对话记录打印出来做成对话条，每一张字条都是她们曾经相互鼓励、互相"滋养"的点点滴滴。

当多芬的观众看到朋友录制的视频并收到闺密的定制礼盒时，她们更加愿意将这些内容分享到社交平台。这帮助多芬最大化其品牌传播，带来销量、流量双丰收。由此可看出平台主推渠道对于企业的发展有着不可估量的作用。

那么企业应该如何做才能获得平台的主推呢？

明确的产品定位

这一点是最重要的一点。案例中多芬一直在强调产品的"滋润"功能，这就是多芬给自己产品的定位。不管男女老少、春夏秋冬，皮肤都是需要滋养的，所以单从这一点，顾客就会发自内心地接受产品。我们经常可以看到，某些洗护类的产品集美白、滋养、保湿、清香、补水于一身，这就是对自己产品的定位过于宽泛，一个功效这么多的产品里面该是加了多少化学成分？消费者看到这样自夸高大全的产品难免会产生这样的疑虑。没有一个主打功能，就算集这些功能于一身，消费者也是不会买账的。

显然，多芬的定位是非常准确、清晰的，也迎合了大多数消费者的消费理念。企业在渠道推广的时候一定要给自己的产品进行明确、合理的定位。

确立属于自己的商业模式

商业模式是一个老生常谈的话题，其实企业与企业之间、企业的部门之间、企业与顾客之间、企业与渠道之间，存在各种各样的交易关系和连接方式，这些都可以统称为商业模式。

成功的商业模式应该具有三个特征。

第一，要能提供独特的价值。

有时候这个独特的价值可能是新的思想，而更多的时候，它往往是产品和服务独特性的组合。这种组合要么可以向客户提供额外的价值，要么可以帮客户降低成本或提高效率。

第二，要是难以模仿的。

企业通过确立自己的与众不同，如对客户的悉心照顾、无与伦比的实施能力，来提高行业的进入门槛，从而保证利润来源不受侵犯。比如，直销模式（仅凭"直销"一点，还不能称其为一个商业模式），人人都知道其如何运作，也都知道戴尔公司是直销的标杆，但很难复制戴尔的模式，原因在于"直销"的背后，有一整套完整的、极难复制的资源和生产流程。

第三，要是脚踏实地的。

企业要做到量入为出、收支平衡。这个看似不言而喻的道理，要想年复一年、日复一日地实践，并不容易。现实中很多企业，不管是传统企业还是新型企业，对于自己的钱从何处赚来，为什么客户看中自己企业的产品或服务，甚至有多少客户实际上不能为企业带来利润而是在侵蚀企业的收入等关键问题，根本就是本糊涂账。哪些业务创造了收益，哪些业务在亏损，财务报表可能并不能精准地反映出来，需要脚踏实地下沉到一线去观察。

渠道网络资源共享

资源共享是指基于网络的资源分享，是众多的网络爱好者不求利益、把自己收集的一些信息通过某平台共享给大家，但是随着网络和经济社会的发展，资源共享在社会中也暴露出了一些问题。很多企业为了满足自己的利益，非常吝啬，不愿意将自己获取到的信息资源与其他渠道成员或者平台分享。这是一个共享的时代，企业掌握了相关知识，就应该积极主动地和平台分享，这样两者之间的合作会更加紧密，平台也会更加用心地推荐企业的产品。

多一些促销活动

很多企业在销售的过程中都会通过做促销来吸引客户。成功的促销，不仅可以在短期内给企业带来更多收益，也可以刺激消费者的购买欲望，加上消费者的"从众心理"，还能形成极好的宣传效果。同时会为推广企业产品的平台带来利益，平台就会拿出更多资源去推广该企业的产品，这样一来就形成了良性循环。

促销的方式很多，想要做好促销活动，不妨试试以下技巧。

第一，切忌大幅降价。

不要将以前卖得很贵的产品突然降了一半价钱，这个时候消费者可能就会觉得以前自己买的东西亏大了！在很多消费者的思想里，一分钱一分货的观念根深蒂固，东西卖得便宜了，消费者会产生质量或服务品质肯定就差了的印象，他们可能会觉得企业故意指高定价，这样的促销活动显然是失败的。一定要消除顾客心中这种疑虑，给他们"自己赚到了"的感觉。

第二，进行限时限购。

其实限时限购最重要的一点就是让大家有紧张感，为了同一件产品大家都会抢着去买，这样自然会带动产品的销量。

第三，实施阶梯价格。

所谓阶梯价格，就是商品的价格会随着时间的推移出现阶梯式变化，比如上架第一天三折，第二天五折，以此类推。这种促销方式可以减少顾客犹豫的时间，激发他们冲动消费的欲望。

04 渠道维护，正确地征服销售渠道

这些是在促销中的一些小技巧，其实在变幻无穷的市场中，也不能说哪一种促销方式就一定好，最重要的还是要和企业的发展情况进行对比然后制定不同的优惠政策，从而扩大销量，平台也能获得很大利润！

如果一个平台能够持久稳定地推广一个企业的产品，那么双方一定都能获得丰厚的利润，作为企业自身还是要努力提高自己的竞争力，否则平台是不会考虑推广你的产品的。

渠道幕后工作的多方面要求

随着社会经济的快速发展，如今的市场已经今非昔比，竞争不断加剧，给众多企业带来了挑战。

现代社会，对于一个企业来说，做好销售渠道的管理是企业快速发展的重要因素，相比传统的销售模式及竞争激烈的网络销售模式，企业要建立完善的渠道销售体制。

销售渠道的建立包括多方面的内容，幕后渠道工作在其中充当了重要角色。幕后渠道工作都有哪些要求呢？

遵纪守法，一切在法律允许的范围内进行

遵纪守法指的是每个从业人员都要遵守纪律和法律，尤其要遵守职业纪律和与职业活动相关的法律法规。遵纪守法是每个公民应尽的义务，是建设中国特色社会主义和谐社会的基石。

在一个企业中，不管是企业的高层领导还是基层员工，遵纪守法都是最起码的要求，不能为了盈利而目无法纪。而遵纪守法是做好销售渠道最基本的要求，如果没有了这个根基，企业必将走向灭亡。不管自己的工作多么不起眼，只要时时刻刻遵守法律，以大局为重，这本身也是一种成就。

没有人可以凌驾于法律之上，在竞争日益激烈的现代社会，企业应该以一种正确的姿态去对待竞争，而不是通过一些违反法律的手段进行竞争。作为企业的一员，不管职位高低，都应该学会约束自己的行为，只有这样，个人的事业才会发展得越来越好，企业才会产生更大的经济效益和社会效益。

员工的个人利益应该服从企业的利益

在进行销售渠道建设的过程中，有时个人利益可能会和企业的利益产生冲突，这时员工应该努力向企业靠拢，务必做到个人利益服从集体利益。

从根本上讲，员工的利益和企业的利益是一致的，企业获得发展，员工也会从中获益。所以在这种情况下，员工要做到坚持以企业利益为重，并且愿意放弃或者牺牲自己的部分利益。其实我们也可以将眼光放长远一点，坚持集体主义其实是对个人利益的最大保护。当然了，这里讲的集体主义并不是说只顾集体利益、不顾个人利益，正当、合理的个人利益是应该受到尊重和保护的。当个人利益和集体利益发生矛盾时，需要从多方面周全地考虑并做出妥善处理。

在进行渠道幕后工作的时候，如果个人利益和集体利益产生冲突了，一定要多向集体靠拢，只有这样个人才会获得最大的利益。

必须树立危机意识

比尔·盖茨曾说过这样一句话：所有员工都要有这样一个意识——微软公司还有三个月就要倒闭！这听起来像是天方夜谭，似乎是杞人忧天、令人费解，其实不然。盖茨这样说，是要求员工都有危机意识。只有时常怀有危机意识才能得以长久地生存发展，贪图安逸享乐会使人萎靡，最终走向灭亡。拥有危机意识可以激励人发愤图强，磨难可以促使人追求极致，而安乐却可以使人堕落消沉。所以人都应有危机意识。古语云，生于忧患，死于安乐。

不管是一个人还是一个企业，抑或是一个国家，如果没有了危机意识，那其走下坡路是必然的。一个企业要想长久地发展，必须有危机意识，这是越早明白、越早落实、越早融入企业文化就越对企业有利的一条铁律。

要想一个企业的员工具有危机意识，那么首先这个企业的管理者必须有危机意识，只有管理者落实危机管理，防患于未然，才能为企业应对危机做好组织、人员、经费等方面的准备。

危机如果真的来临，无论是基层员工还是管理者，要做到以下几点：保持镇定，检查所有可能造成公司与社会发生摩擦的问题和趋势；确定需要考虑的具体问题；预估问题对公司的生存与发展的潜在影响；确定公司对各种问题的应对态度；决定对需要解决的问题所采取的行动方针；实施具体的解决方案和行动计划；不断监控行动结果；获取反馈信息，根据需要修正具体方案；建立并维护良好的媒体合作平台，定期与媒体进行沟通，获得媒体的信任与支持等。

企业内部成员要做到无条件互惠

企业就像一个大家庭，在这个大家庭中的每一个成员都应该互惠互利，无条件地帮助彼此，当发现有一个成员在工作上遇到困难，应该及时伸出援手，帮助有困难的员工其实就是帮助自己。因为大家都在为共同的家庭做贡献，无论哪个成员落后了，都可能会影响整个团队的工作效率，最终影响的还是企业整体的发展。

企业发展得好坏，和每个员工的利益息息相关，所以帮助别人其实就是在帮助自己，企业员工一定要有这个意识。

年底如何冲渠道业绩

销售业绩是销售人员以及企业在整个销售过程中孜孜以求的。有业绩就代表有效益，有了效益企业就会稳定生存，有序进行各种经营活动，养活企业和员工。那么企业和销售人员应该如何让销售业绩更上一层楼呢？

对于企业而言，有以下几种方法。

要想取得好业绩，企业自身就要有所作为，给中间商一定的鼓励政策。因为这样经销商才会更加卖力地将企业的产品投入到市场，出售给消费者。可以通过以下方法进行激励。

给予铺货

铺货就是先把自己的产品投放到别人的渠道里，等到一定时间或者一定的账期后再去收钱，这是多数新产品刚上市或者开拓新的领域时常用的做法。

"铺货"的方式有利于产品快速上市，有利于建立稳定的销售网点，有利于造成"一点带动一线，一线带动一面"的联动局面。但是其中的尺度需要企业自行拿捏，因为时间久了，渠道供销方面的一些话语权可能会被经销商掌控，导致企业陷入被动。

促销活动

不管是线上还是线下都可以进行促销活动。促销活动也是企业激励中间商的一种有效手段，通过促销，可以让产品在一段时间内提升销量，这也是很多企业在年底或节假日惯用的一种提高业绩的方法。

促销的方式五花八门，随着新技术、新观念的引入，企业如何组织促销活动，那就八仙过海，各显神通了。促销的基本前提，还是企业根据自己的发展目标，与经销商达成一致。

奖励开发新顾客的经销商

企业应该给予那些热衷开发市场、吸引新顾客的经销商特殊的奖励，鼓励他们开发新客户，这也是一种常见的提高业绩的方法。

推出有特色、有创意的产品促销活动

现如今的促销活动玩法很多，哪家企业能玩出新意、玩出花样，就能吸引更多眼球，博得更多关注，收获更多流量，也就能取得更高的业绩。我们来看一个麦当劳的促销案例。

2017年六一儿童节，麦当劳推出了一款迷你甜筒，只要小朋友和爸爸妈妈一起完成"抱抱、亲亲、说爱你"，每个人就可以免费获赠一个迷你甜筒。不得不说，这是一个很有创意的促销活动。专门为"六一"推出的一款短时活动。

整个活动的主题充满了家庭温馨的正能量，而且麦当劳这一活动刷爆了朋友圈，知道的顾客多了，店里的客流量也就多了，完成活动需要全家参与，而参与的家庭极少只为得一个免费甜筒，多少会消费些其他产品，业绩自然提高了。

提高自身产品服务质量

产品服务质量的提高，对于一个企业而言永远都不会过时。企业要想提高业绩，就必须在服务质量、产品质量等方面严格把关。一切都要以顾客为出发点，顾客就是上帝，顾客满意了，业绩自然就上去了。

拓宽销售渠道

一个企业的销售渠道并不是单一的，想要发展得好，就要及时寻找适合自己的销售渠道。渠道是多元化的，只要渠道打开了，产品自然也就不愁卖了。

多途径宣传

企业在推出产品的前期，必须进行宣传，而且尽可能尝试多种方式的宣传组合。如果顾客都不知道有这么个产品存在，怎么可能产生业绩呢？目前产品销售主要包括线上和线下两大途径。在这个信息极速发达的时代，一定要牢牢地把握宣传产品的机会，积极主动地将产品打入顾客的视野和生活之中。

对于宣传工作，销售人员应该做好以下几个方面。

第一，对顾客要真诚，信守承诺。

对一个销售人员而言，必须要为自己说出的每一句话负责。销售人员对外洽谈业务，代表的是企业，而非个人，如果销售人员不信守承诺，将会抹黑整个企业，为企业的信誉带来负面影响。很多时候，销售人员并不直接去销售产品，而是先与客户接触，加深了解，顾客感受到了销售人员的真诚之后，自然就很容易认可产品，销售人员再向顾客推销产品自然就水到渠成了。

第二，学会沟通。

我们一直在强调沟通的重要性，面对父母、子女、家人、领导甚至陌生人，沟通的方式是迥然不同的。当面对顾客的时候，销售人员要学会选取合适的沟通方式，根据对象的特点，采用不同的方法。与顾客沟通的一些技巧我们在前面已经有所介绍，大家不妨回顾一下。

第三，寻找到目标客户群。

多数时候，企业无法将自己的产品功能丰富至可以服务于所有客户，无法在整个同业市场中实现价值传递。于是，企业针对自身的能力向特定的客户提供有特定内涵的产品价值，这些特定的客户就是"目标客户群体"。

销售人员在开展工作之前一定要明确自己的目标客户，举个很简单的例子，一个推销员是肯定不能把粉底液推销给50岁的中年男子的，因为他不需要，所以推销员再怎么推销也无济于事。找准目标客户会让自己少走很多弯路，同时会提高产品的销售量，从而提高业绩。

第四，充分认识自我。

人无完人，不管是谁或多或少会有缺点。在工作中销售人员要做到扬长避短。这就需要销售人员对自己进行认真而又深刻的分析，找到自己的优缺点并在工作中注意，从一定层面上而言，这样也会提高销售业绩。

第五，顾客不赞同自己的想法的时候要冷静。

在销售的过程中会遇到形形色色的顾客，有一些刁钻的顾客可能会故意找碴儿，这时销售人员一定要保持冷静，切不可与顾客针锋相对，那样不仅可能会失去这个顾客，也会让企业名誉受损。

所以，当顾客与你想法不一样的时候要冷静处理，有些顾客可能性格就是那个样子，你要学会理解，顾客对你态度不好，如果你依然态度很好的话，顾客也会被感化的，他选择你的产品，你的业绩就会提高。

让渠道成为销售的左膀右臂

合理的销售渠道有利于企业长久发展,企业通过建立有效的渠道,可以吸引更多的客户。某种程度上讲,渠道甚至是企业制胜市场的关键。在产品、价格高度同质化的背景下,渠道建设及管理成为企业的核心竞争力。

渠道是否合理和畅通至关重要,可以说关乎一个企业的命运。如果不能牢牢控制销售渠道,企业的产品就难以转化为资金,企业就将失去生存发展的源泉和动力,走向衰亡。

那么企业应该如何让渠道成为自己销售的左膀右臂呢?

2010年6月底,在李宁公司20岁生日庆典上,"李宁交叉动作"的全新Logo亮相,同时新品牌口号"让改变发生"取代了消费者早已熟知的"一切皆有可能",目标受众直指以"90后"为代表的年轻一代消费者,意欲抢先一步占领未来的消费市场。

这种定位本质上是对消费人群的年龄细分,其改变源于李宁公司在2006—2007年进行的市场调查,调查发现"李宁"品牌实际消费人群整体年龄偏大,35~40岁的人超过50%。年轻消费者对"李宁"品牌在"酷""时尚"等特质的印象,相较国际品牌略逊一筹。

这种定位的转变,能改变"李宁"当下的竞争形势吗?从"李宁"本身的消费群体来说,"李宁"的核心消费者为30~40岁的人群,而随着"李宁"品牌的遂逐渐成长,确实面临着原有消费群体年龄老化,新兴消费群体不太认同的尴尬境地。

作为创始人,"体操王子"李宁所能影响的消费群体在逐渐老化,所以"李宁"这个品牌也就逐渐面临老化的风险。当时面临的问题是，因为自己的消费群体在老化就放弃自己原来的消费群体，去定位一个新的消费群体的？且不说重新定位于90后这个新兴的消费体，年龄、消费观念等方面跨度都非常大，老消费者能不能接受？新消费者能不能认同？这一切都是未知数，这种战略性的转变是要冒很大风险的，但如果不转变很可能意味着未来品牌的加速衰落，当时的"李宁"走到了发展的岔路口。

我们可以看到，和"李宁"同行业的企业几乎都将自己的产品定位为运动风格。"李宁"将新兴消费群体当作了主要目标，这样一来既有客户丧失了很多。果不其然，2011年，"李宁"丧失本土运动品牌老大的地位。

但时间来到2018年，特别是年初的纽约时装周，"李宁"一改往日形象的亮眼设计刷屏朋友圈，可以用火爆来形容，带来了口碑、销量双丰收，也赢得了年轻一代的青睐。经历了品牌转型的阵痛，"李宁"为自己争取到了未来良好的发展前景。

我们可以看到，"李宁"在2010年给自己的产品定位虽不能说是错的，但可能有些超前了，最终导致企业损失。但随着90后等新一代消费群体逐渐独立和壮大，几年的转型发展还是为"李宁"带来可喜的成绩。

所以说，企业对产品定位的方向和时机都非常重要。我们可以从不同角度着手来明确企业自身的定位，从而更精准地建设和管理好渠道。

从市场的定位入手，对品牌进行定位

企业在对产品进行定位时可以从市场定位入手，找准品牌的切入点，分析这种定位会有哪些渠道与之匹配且能充分体现品牌的这种定位，产品定位是高端、中端还是低端，哪些渠道能更好地适应品牌定位。

从产品的价格入手,对品牌进行定位

对一个企业而言,不管是新产品还是老产品,在价格上都略微有所差异。价格决定了企业应该选择什么样的营销渠道来渗透,如何才能有效地贯彻执行价格杠杆,确保产品的价格执行力度,如何才能最大限度地挖掘产品的价格优势,如何有效调节产品价格的竞争力等。

根据市场情况对销售渠道进行调整

销售渠道并不是一成不变的,所以企业一定要时刻紧跟市场行情,根据市场的变化,及时对自己的销售渠道进行调整。只有这样,企业才能在多变的市场中屹立不倒。企业可以建立以宣传推广品牌为主体的营销渠道,这要求以扩大品牌的知名度与市场占有率为前提。

销售渠道的选择

营销渠道选择是指企业根据战略目标,选择适合企业需求和目标的渠道模式。

第一,可供选择的营销渠道类型。

按照营销渠道有无中间环节来划分,营销渠道可分为直接营销渠道与间接营销渠道。

◇直接营销渠道,又称零层营销渠道,是产品从生产者流向最终消费者或用户的过程中不经过任何中间环节,即产销直接见面的商品销售渠道。直接营销渠道是一种短营销渠道,直接销售的主要方式有上门推销、邮购、电话市场营销、电视直销和制造商自有商店等。

◇间接营销渠道,是指产品从生产者流向最终消费者或用户的过程中经过一层或一层以上的中间环节。间接营销渠道是一种长营销渠道,消费者市场多数采用间接营销渠道,其销售的主要方式有厂店挂钩、特约经销、零售商或批发商直接从工厂进货等。

第二，渠道选择的原则。

◇目标差异化原则。

生产者在利用营销渠道进行销售时，必然会遇到与中间商目标不一致的问题，比如说中间商不能有效地配合生产者的整体营销战略等。因此，生产者有必要对这种客观存在的差异进行评价，要准确地把握这种分歧是否会影响到企业的长远利益。

如果中间商是在积极合作的前提下追求自身利益的最大化，这是可以接受的；如果中间商与生产者的目标相差悬殊，甚至抵触，就需要及时进行调整。

◇利益性原则。

利益性原则就是从成本与收益的角度对不同的分销渠道进行整体评价。首先，需要推算营销渠道的成本水平。

例如，针对是采用本公司的销售人员还是采用销售代理商的问题，企业的选择是，当销售量达到企业确定的某一标准时，可以采用销售代理商，因为销售代理商已建立了健全的网络，容易与客户接触，单位产品均摊的分销费用低；当销售量无法达到企业规定的某一标准时，就要考虑是否需要组建自己的销售队伍。

◇弹性原则。

企业营销渠道的选择应具有弹性。生产商一旦与中间商签订了有关销售代理的协议，相互之间就会受到一定的制约，从而影响企业在情况发生变化时调整营销渠道的决策。因此，生产商在确定分销渠道策略时，应尽量留有余地，这样可以在必要的时候对其进行调整。

合理的销售渠道，可以成为企业发展的不竭动力，也可以成为销售的左膀右臂。企业一定要在多变的市场中选择适合自己发展的渠道！

让渠道运转自如

在整个销售过程中，企业本身扮演着重要的角色，所以企业一定要坚守并做好自己的工作。对一个企业而言，做好渠道控制是很有必要的。因为渠道的合理和通畅与否，关系着整个企业的前途和命运。如果一个企业不能牢牢把控销售渠道，这个企业的各项工作就不能正常进行下去，企业将会失去发展机会，逐渐被同行和市场淘汰。

因此，企业必须对自己打造的销售渠道进行掌控，只有这样才可以将渠道运用自如，保证渠道成员和企业自身的利益。

1999年，宝洁中止了与200家分销商的合作，又从300多家分销商中筛选出100多家能力出色的经销商作为企业的重点合作对象。

为了从根本上掌控终端，宝洁提出了"经销商即为办事处"的经营管理理念，宝洁把经销商视为自己的合作伙伴和公司的下属机构，企业的市场营销、管理均以分销商为中心，这样一来分销商就会为企业完成终端铺货等工作。宝洁销售渠道的核心理念就是全面支持、管理、指导并控制分销商。从某种程度上来说，控制经销商是宝洁裁减和筛选经销商的重要举措。

宝洁之所以这么做，是为了加强本企业对于渠道的控制，从而使得渠道能够按照本企业的意愿发展。不得不说，这样一来确实可以稳固宝洁的市场地位。被宝洁淘汰掉的分销商，基本都是经济实力达不到要求或者自身的素养不够专业的。宝洁对于分销商的大整合，为宝洁的发展打下了坚实的基础，也为宝洁的深层分销渠道做好了铺垫。从宝洁的发展来看，宝洁这一举措使得企业发展得更快、更好。

渠道控制是一个渠道成员对另一个渠道成员的行为与决策变量成功施加影响的过程。渠道控制的本质是对渠道成员（组织）的行为进行控制，同时是一种跨组织控制、相互控制（或交叉控制）和结果导向的行为过程。渠道控制根植于相互依赖的渠道关系中，因而它与渠道关系中的诸多变量存在千丝万缕的联系。

渠道控制能力的大小及有效性的高低，显然与控制模式密切相关。由于与渠道控制有效性相关的企业规模、产品类别、市场化程度、管理水平、品牌价值以及经营商素质等因素千差万别，所以渠道有效控制的方式也多种多样。

一般而言，企业可以通过以下几种方法对渠道进行控制。

满足经销商的利益

不管是企业还个人，都需要一定的利润。企业要想对渠道进行掌控，就要满足经销商的需求，给他们一定的利润空间，经销商感到符合自己的期待了，自然会对企业更加依赖，进而企业更容易对整个渠道进行控制了。

一般而言，如果企业给经销商带来的利润很小，那经销商和企业不合作之后虽然还能赢利，但这样的合作关系对经销商来讲是无足轻重的，企业也就没有控制经销商的资本。所以，对经销商的利润要大于渠道客户的纯利。只有这样，当企业和经销商的合作终止的时候，渠道顾客才会拒绝终止，这时才真正是企业说了算，企业才是控制住了经销商。

企业可以通过增加产品的品牌优势，增加自己的产品销售量，降低经销商其他产品的销量，降低经销商其他产品的单位利润，增加返利、折扣使经销商的单位利润增加等措施来满足经销商的利益诉求。

通过自身品牌的影响力来控制经销商

如今的市场竞争，利润空间越来越小，市面上很多产品大同小异，同质化严重，产品之间最大的区别就是品牌了。企业的品牌是企业的重要资产，品牌可以直接影响消费者的购买需求。

企业一定要努力打造自身品牌，当自己的品牌打响之后，经销商们会主动来和企业进行合作，这个时候企业就掌握了更多的话语权。对经销商而言，一个优秀品牌的产品，意味着利润、销量、形象的提升，更意味着销售效率的提高。

一般而言，畅销产品需要经销商投入的市场推广力度较小，无形中降低了经销商的销售成本，甚至会带动其他产品的销售。这样，因为销售速度比较快，提高了经销商资金的周转速度，所以企业只要在消费者层面建立自己良好的品牌形象，就可以对渠道施加影响。企业通过品牌影响力给经销商带来销售成本的降低和销售效率的提高，是增加渠道控制有效性的重要途径。

给经销商派遣企业优秀人员进行相关指导

一般而言，经销商的管理能力等各方面都弱于企业，某些成员的职业素质也不尽如人意。这个时候，企业可以将专业人员派遣到经销商那里去，对经销商进行相关方面的培训。

其实，经销商自己也很渴望得到企业专业人员对自己内部成员的培训，因为经销商到后期虽然非常想接受管理、营销、人力资源方面的专业指导，有一些还想借助大学教授或者专业的咨询公司来帮助自己提高管理水平，但最后往往发现对方不能满足自己的真实要求，不能达到自己的期望，费用也比较高。企业可以抓住这个机会对经销商提供帮助。毕竟双方是合作关系，业务上的交集，让企业提供的培训更有针对性。

企业对渠道客户的服务包括帮助渠道客户销售、提高销售效率、降低销售成本、增加销售利润等。

利用终端对经销商进行控制

前面我们所讲的宝洁在发展的过程中，为了对渠道进行控制，就采用了对终端经销商控制的方法。由于企业不能直接和消费者接触，所以对终端进行控制就是一个行之有效的方法，这也是很多企业在发展的过程中惯用的方法。

每个企业的做法可能不一样，但无论是哪一种做法，控制零售店是最根本的目的。企业要让零售店首先认同产品、认同品牌、认同厂家，而不是首先认同经销商，这样厂家就有把握在渠道客户出现问题的时候，把零售店切换到新的渠道而不影响销量。企业只有建立强大的基础市场数据库，在这个数据库的基础上开展针对终端的拜访和举行直达终端的各项活动，才能增强对渠道客户的谈判能力，并更有效地控制渠道。

设立战略目标和愿景

企业必须清楚地了解自身的优点与不足，有了明确的目标，企业就可以在竞争中保持优势，从而促进企业的快速发展。一个长期没有战略的企业是没有灵魂的，是只会赚钱的企业，没有发展前途。

对于一个企业而言，如果没有长远的规划，就会轻易失去很多发展机会，经销商也会觉得这个企业不靠谱。只有经销商认可了企业的

04 渠道维护，正确地征服销售渠道

理念、发展战略，认可了企业的主要管理者，即使暂时的政策不合适或产品暂时出现问题，经销商也不会计较，企业也可以对经销商进行有效控制。

企业的发展离不开良好的渠道建设，一个企业要想获得长远发展，就一定要处理好渠道各个方面的关系，对渠道进行把控，让渠道为自己所用，而非受制于渠道。

渠道风险管理

营销渠道风险，指的是从渠道管理者（一般为制造商）角度出发，企业的产品从生产到转移至消费者手中的全过程中，发生某种不利事件或损失的各种可能情况的总和。

具体地说，是指产品转移过程中，企业损失发生的可能性、或然性、变动性、不确定性等。这些损失主要是企业所选择的分销渠道不能履行分销责任、不能满足分销目标及由此造成的一系列不良后果的总和。

渠道风险产生的原因

第一，厂商的目标差。

在渠道发展过程中，企业和经销商都有各自追求的经营目标。然而，双方的经营目标如果差异过大，就可能导致某一渠道成员所采取的经营决策和行为，影响甚至阻碍其他渠道成员目标的实现。在现代经济体系中，大多数企业通过中间商来实现自己的利益，这就在企业与中间商之间形成了一个松散的利益团体。企业承担巨大的产品研制的风险和成本以及制造成本，企业所追求的目标是规模效益和长期效益，因此必须把市场做大、做久。

相对而言，经销商只承担营销成本，保本点低，对货源的选择余地大，所以往往倾向于追求眼前的短期利益。当然，经销商追求短期利益并不意味着拒绝长远利益，但短期利益的导向行为是引发渠道横

04 渠道维护，正确地征服销售渠道

向竞争和纵向冲突的基本因素。经销商和企业在追寻各自的利益，这个时候经销商并没有责任和义务牺牲自己的利益来配合制造商利益目标的必要，所以渠道的冲突和风险是必然的。

第二，经销商之间会有矛盾冲突。

经销商之间的矛盾也会给渠道带来风险。最常见的就是经销商之间的降价倾销竞争，不同区域市场之间的窜货、倒货和同一市场上经销商之间为争夺客户而引起的价格混乱。

第三，企业渠道管理的孤立性。

渠道管理是整个营销系统的重要组成部分，不能单独看成一个独立的部分。在部分企业里，对渠道管理的过程往往是孤立的。

从系统的观点看，渠道风险源于营销渠道系统的相对稳定性，营销渠道系统强调系统成员的协调一致性。我们看到，在实践中营销渠道运营失败的例子，常常是由于系统组成成员的动作不一致造成的。

第四，市场不规范。

近些年虽然经济发展势头迅猛，但不得不承认，市场目前存在一些不规范的地方，具体表现在以下几个方面。

◇庞大。中国市场潜力巨大，蕴含了无数商机，长远看前途无量。

◇混乱。国内市场规模虽然庞大，但管理乏力、秩序混乱，假冒伪劣商品屡禁不绝，各种侵权行为时有发生。

◇躁动。无论是厂商还是消费者，都有一种急功近利的心态，表现为行为的短视和急躁，以及企业间的过度竞争。

◇多变。市场的发展和变化确实是风云变幻、难以预测的。

◇差异。正因为我国市场太大，而且发展不平衡，所以表现出了明显的差异。在不同行业、不同地域、不同体制的企业间，市场状况大相径庭。

庞大、混乱、躁动、多变、差异，是中国市场目前不可回避的现

象，在一个营销渠道系统环境中，这些因素也导致企业经营产生风险是不可避免的。

渠道风险的类型

营销渠道风险多种多样，从不同的角度可以划分出不同的风险类别。根据渠道风险引发的主体，我们可以把渠道风险分为内在型渠道风险和外在型渠道风险。

第一，内在型渠道风险。

内在型渠道风险是指渠道的风险是由于制造商或者是渠道的管理者自身的原因所产生的。内在型渠道风险有下列几种情况：

◇渠道设计风险。

渠道设计风险大致可以从两方面来考量，一是渠道级数风险，二是渠道分布风险。

企业在进行渠道设计的时候，首先要考虑是自建销售渠道还是通过传统的批零销售渠道。企业自建渠道，会面临两个方面的难题：一是延伸了自己经营管理的职能，从生产领域向流通领域延伸；二是自建渠道需要大量资金支持，使企业资金营运面临难题。如果自建渠道收益大于传统销售渠道，那么企业自建渠道是合算的，否则未来会面临更大的困难。如果企业采用传统的批零销售渠道，那么企业将面临一个选择渠道级数的风险：渠道级数越多，产品价格越高，产品销售量受影响越大；而渠道级数越少，企业攻占市场的速度越慢。

渠道分布设计是实现企业整个营销目标的重要一步，渠道布局的混乱与盲目，会对整个营销目标的实现带来巨大风险。渠道的分布关系着企业对市场区域的占领。如何进行布局是企业在发展过程中面临的一个重要问题。如果分布不符合国内市场的要求，就会产生风险。所以从渠道分布的集中程度出发，又可以分为集中大规模分销风险和

04　渠道维护，正确地征服销售渠道

分散分销局部风险。

◇渠道营运成本风险。

营销渠道系统运作时，分销成本持续上升将会带来风险。事实上，有时分销成本会高于企业的制造成本或原材料和零部件成本。分销成本的上升，会带来财务、控制等问题，从而引发风险。

◇产品本身带给渠道的风险。

这一点大致可以从产品生命周期产生的渠道风险和产品线扩展或缩减产生的渠道风险两方面来理解。

企业产品在市场上的生命周期存在引入期、成长期、成熟期和衰退期，渠道管理的重点也应该随着产品的不同阶段而有所不同。然而，一般情况下，企业无法做到随着产品生命周期的不同阶段对其做出相应调整，这个时候就会造成中间商的动荡和流失，从而带来一定的风险。

在销售活动中，企业往往会根据市场的变化调整产品的策略。但这只是企业单方的决策行为，很少考虑企业的渠道成员，造成企业与渠道成员之间的矛盾，引起渠道风险：当产品线扩展时，一些渠道成员可能会抱怨由于产品品种过于复杂，增加了他们的仓储及销售成本；当产品线缩减时，部分渠道成员又会抱怨品类太少导致其失去顾客。

◇价格带给渠道的风险。

这一点可以从降价或者提价产生的渠道风险和价格控制产生的渠道风险来理解。

由于降价可能会影响产品的质量甚至信誉，将使中间商对产品犹豫不决，这样一来，中间商从中赚取的差价相对而言也就比较少，将直接冲击中间商的利益，也必然会引起他们的不满。然而，提价同样会给企业带来渠道风险，当提价不能完全传递下去时，渠道经销商就

不得不为此用自己的利差来消化部分或全部提价。这时提价就会变成一个大问题。事实上，降价容易提价难，企业一旦提价，消费者很少会认同企业的涨价行为，这反映在渠道中就是产品销量的下降，进而引起中间商不满，造成渠道风险。

企业对终端的销售价格一般有两种形式：一是全国统一定价；二是根据各地情况在一定范围内浮动定价。统一定价，经销商是没有定价权的，那么对企业来说，在各级渠道保持一定的差价十分重要。一旦这种各级差价被打破，渠道上下成员、平级成员都会陷入冲突之中。

此外，由于我国市场的特殊性，企业要保持全国统一定价是非常困难的，渠道成员之间的利益均衡也是难以实现的，这使得渠道经常面临失衡的风险。企业采取浮动定价，这时候中间商就会要求参与市场定价或者自行定价。不管是参与定价还是自行定价，中间商的话语权的增加，必将导致价格混乱，渠道风险自然而然就会产生。

◇促销带给渠道的风险。

这一点分为促销不当产生的渠道风险和压货产生的渠道风险。

对于同一个促销活动，企业、中间商以及消费者都有不同的反应。在消费者看来有吸引力的促销，可能在中间商看来却无关紧要；企业为了获得市场份额或者打击竞争对手，进行大规模促销，但中间商对自身的获利不满，甚至还会亏本参与；企业要求中间商提高额外展示空间或者购买显著的陈列位置，造成经销商成本的增加，这样也会产生渠道风险。

对企业而言，只有产品真正地被顾客购买，才算真正销售出去了。然而，许多企业把产品大量压给渠道。从账面上看，企业的产品销售出去了，但实际上，产品仍然在中间商的仓库里。一旦产品没有销售出去，那么中间商肯定会让企业退货或者换货，这里面也将产生很多不确定因素。

◇销售人员风险。

销售人员是企业营销渠道的维护者、管理者，直接与中间商进行沟通，对企业的销售产生直接影响。所以销售人员对于渠道的风险有两个方面：一是由于销售人员自身的素质造成与中间商沟通不力，或者市场渠道维护不够，或者市场开发程度不足，继而影响产品销量等，这些都会给渠道带来风险。二是由于销售人员的职业道德素质不高，导致给企业带来渠道风险。

◇渠道调整风险。

如果企业在渠道模式成熟之后不对渠道进行持续优化，那么企业的渠道就会面临日趋僵化的风险。这个时候，我们就不得不对渠道进行调整。例如进行渠道的扁平优化。在优化过程中，对内会涉及渠道内部许多利益上的冲突，对外对中间商的优化也会引起中间商的反对甚至对抗。不管这种调整是主动还是被动的，渠道的每一次调整都面临一次风险。

第二，外在型渠道风险。

外在型渠道风险是指由企业外部的因素（中间商、竞争对手、环境等）引发的渠道风险。一般有下列几种情况。

◇中间商风险。

中间商风险包括终端风险、中间商的选择风险和中间商的信用风险。

随着零售终端实力壮大，给生产商带来了极大的风险。在营销渠道的转变过程中，一些巨型零售商（如家乐福）已经引起人们特别重视。在这个转变过程中，其角色已经发生了巨大变化，这种变化对于企业而言，破坏了企业原有分销结构设计功能的分配，从而给企业营销渠道带来了一系列的风险。这些强有力的零售商，占据着他们经营范围内相当大比例的市场份额，因而他们几乎控制了市场分销渠道。

从企业的角度来看，这些强有力的零售商扮演了消费市场"把门人"的角色。作为把门人，他们为客户扮演采购代理角色，而不是为其供应商（生产商）扮演销售代理的角色。零售商更多的是供应驱动者，而不是市场驱动者。他们大多数采取低毛利、低价格的方式来运营，向供货的制造商提出强硬需求（如进场费），这也给企业带来渠道风险。

中间商是企业渠道中的主体，是实现企业营销目标的关键所在。因此，选择适宜的中间商对企业来讲极为重要。如果中间商跟企业目标一致，那么对企业开拓市场、提高市场占有率有极大帮助。但是，在实际情况中，中间商也是一个独立的经济实体，它的经营目标要与企业的经营目标相一致是很难的，甚至根本就是南辕北辙。因此，企业在选择中间商的时候，就面临着风险。

中间商信用风险主要反映在企业的应收账款上。应收账款主要是指企业不能按合约规定从分销商处及时地收回货款而产生的货款被占用、损失等情况。应收账款是由于赊销的销售方式产生的。赊销可能是企业贪功冒进造成的，但很多时候是不得已而为之。

在这种不得已赊销的销售方式下，对中间商的信用评审尤为关键。在现实中，一方面，企业有时明知中间商信用不好，但为了达到销售目标而有意无意地忽视信用风险；另一方面，一些中间商有意拖欠货款，以货款作为与企业谈判的筹码，有时甚至耍赖不给。这些问题都会给企业带来渠道上的风险。

◇窜货风险。

窜货在现实中非常普遍，也是企业销售渠道中一个很大的问题。按窜货的不同动机、目的和窜货对市场的不同影响，可以将窜货分为恶性窜货、自然窜货和良性窜货等三类。

恶性窜货是指为了获取非正常利润，经销商蓄意向自己辖区以外

04　渠道维护，正确地征服销售渠道

的市场倾销产品的行为。这样的行为易引发价格战，降低通路利润，导致经销商对产品失去信心，丧失积极性，甚至最终放弃经销该企业的产品。

自然性窜货是指经销商在获取正常利润的同时，无意中向自己辖区以外的市场倾销产品的行为。这种窜货在市场上是不可避免的，只要有市场的分割就会有此类窜货情况出现。这种形式的窜货如果量比较大，那该区域的通路价格体系就会受到影响，从而使通路的利润下降，影响其他经销商的积极性，严重时可发展为经销商之间的恶性窜货。

良性窜货是指企业在市场开发初期，有意或无意地选择了流通性较强的市场中的经销商，使其产品流向非重要经营区域或者空白市场的现象。在市场开发初期，良性窜货对企业是有好处的。但在实际操作中还是要小心，否则对以后渠道完善是存在一定风险的。

窜货，特别是恶性窜货，引起的渠道混乱会造成三个方面的问题：一是渠道价格混乱；二是经销商之间的关系恶化；三是企业与窜货经销商之间的矛盾增加。这些问题都会增加企业销售渠道的管理风险。

◇竞争对手带来的风险。

渠道是各个企业的必争之地，也是各个企业短兵相接的战场。竞争对手带给企业的渠道风险不亚于中间商带给渠道的风险，而许多企业对此却不够重视。一般而言，竞争对手给企业的渠道带来的风险有：通过利益诱使企业的中间商叛离企业；有意购买企业的产品进行窜货，打乱企业的市场秩序；有针对性地在一些陈列、展位上与企业展开争夺；拉拢、腐蚀企业的销售人员等。

◇环境风险。

销售渠道必须在大环境下进行，这些外部环境又时时影响着营销渠道管理，从而给企业的渠道营销决策带来风险。因此有必要事先了

解影响营销渠道系统的环境因素。这个系统的环境包括经济环境（衰退、通货膨胀、通货紧缩等）、竞争环境、社会文化环境、技术环境和法律环境等。这个系统中的任何一个环境因素的变化，都会给企业带来不确定的风险。

◇网络渠道风险。

互联网的兴起，对传统销售渠道是一个不小的冲击，也给传统渠道带来风险。这个风险主要有两个方面。其一，网络渠道对企业的诱惑。利用网络渠道是企业今后销售渠道的一个必然趋势，企业是否采用、什么时候采用，都是很大的问题。其二，如果企业已经采用了网络渠道，那么企业又该如何处理网络渠道与传统渠道之间的平衡关系。不管怎样，网络的兴起对企业来讲，都是一个很大的渠道风险。

为了合理有效地规避营销渠道风险，加强企业抵抗营销渠道风险的能力，就需要对营销渠道进行风险管理。

建立营销渠道风险预警系统

第一，从渠道风险的产生来看，渠道风险的规避，必须从建设开始就考虑风险的存在，强化营销渠道风险的预警系统成为营销渠道风险防范的头等大事。这件大事主要包括两个工作：预警指标的制定和信息的收集。具体而言，包括以下几个方面内容。

◇确定某次渠道系统建立的整体目标，以明确该渠道系统预警的整体要求；
◇根据产品特性、渠道情况分配渠道系统整体目标，以明确具体渠道的预警要求；
◇查阅某具体渠道组成成员的情况；
◇查阅某产品的具体销售情况，分析其所处的生命周期阶段以及市场对其的反应，建立产品指标（销售额、市场占有率等）。

04 渠道维护，正确地征服销售渠道

第二，从营销渠道风险管理系统的优化来看，企业需要从渠道的设计开始一直延续到人员分配、渠道运作和渠道结构的调整等各个环节。优化营销渠道风险管理系统，就是要增加渠道系统的弹性，使之能够随着市场的变化而变化。这时，除了加强信息系统的建设以利于获得信息来做出决策外，还要强调营销渠道的规模性、目标性和灵活性。虽然渠道的管理和建立是长期任务，但市场环境瞬息万变，企业为了应付变化，要以市场需求为依据，以渠道需求为依托，发展双赢的合作关系；以自己的战略为据点，随市场的变动而变动。必要时要对渠道加以改进，使销售渠道更为合理。

第三，在有效市场调研的基础上，建立并完善渠道系统。

◇建立弹性的销售网络结构。

企业可按行政区划、行业市场分割情况以及自己的市场区域目标建立销售网络的终端布局，在设计渠道时应遵循以下原则：畅通高效原则、覆盖适度原则、稳定可控原则、协调平衡原则、发挥优势原则。

◇完善销售渠道价格政策。

这里所说的销售渠道价格政策，主要是指在销售网络内部实行级差价格，包括总经销价、出厂价、批发价、团体批发价和零售价，以保证每一层次、每一环节的经销商，都能通过销售产品获得相应利润。

◇合理组合渠道系统，布局终端。

第四，建立完善的网络制度管理体系。

企业可以把总经销商的销售活动限定在他自己的市场区域内；保证各地总经销商在进货时都能享受同样的价格；发现经销商有跨区销售行为时取消其年终返利资格等。总之，运用各种手段，采取各种措施，制止跨区销售。

第五，建立监察体系，保证各种渠道管理、控制制度的合理、正确实施。

企业要建立健全监察体系，及时掌握各种情况，发现问题及时处理，千万不要拖延。企业可在内部设立市场总监、执行董事等职位，配以严格的管理制度，有效地监控市场。

第六，加强对自身及经销商的培训，提高相关人员素质，做好营销渠道管理。

第七，加强渠道成员关系的建设，消除沟通障碍。

任何企业在发展的时候，都无法避免某些风险，企业只有对渠道风险采取适当的管理方案，才会变得越来越强大。

05

灵活妙用，
让自己成为渠道专家

在现代企业经营管理中，有人强调"和谐高于一切"，有人提倡"竞争才能生存"，而实践证明，和谐与竞争的统一才是企业经营的最高境界。

市场经济是竞争经济也是协作经济，是社会化专业协作的大生产，因此在市场经济条件下的企业运作中，竞争与协作不可分割地联系在一起。

销售渠道妙用高招

竞争日益激烈的市场环境下,合理、高效的销售渠道建设和管理是各个企业的执着追求。那么怎样才能高效而又合理地运用销售渠道呢?我们可以从以下几个方面着手。

分析自身企业状况,能否与竞争者采用一样的渠道

一般来说,制造商要尽量避免和竞争者使用同样的分销渠道。如果竞争者使用和控制着传统渠道,制造商就应当使用其他不同的渠道或途径来推销其产品。

举个例子,过去在美国,化妆品制造商都通过百货商店、妇女用品商店来推销产品,以避开竞争者。像美国雅芳(Avon)公司,就不使用传统的分销渠道,而是采取避开竞争者的方式,训练漂亮的年轻女性,挨家挨户上门推销化妆品,结果赢利颇多,大获成功。另一方面,由于受消费者的购买模式的影响,有些产品的制造商不得不使用竞争者所使用的渠道。例如,消费者购买食品往往要比较厂牌、价格,因此,食品制造商就必须和竞争者的产品一起摆在零售商店里出售,不得不使用竞争者所使用的渠道。所以企业必须结合自身发展的情况来选择销售渠道。

顾客说的永远都是对的

消费者是销售渠道成员的一部分,消费者在整个销售活动中扮演

着重要的角色，所以企业在销售渠道中一定要重视顾客的一言一行，努力接受顾客所表达的一切。

创建于1918年的上海永安公司，以经营百货著称。它的经营宗旨就是：在商品的花色品种上迎合市场的需要，在售货方式上千方百计地使顾客满意。商场的显眼处用霓虹灯制成英文标语：Customers are always right！（顾客永远是对的！）作为每个营业员必须恪守的准则。

为了拢住一批常客，公司实行了这样一些服务方式：一是把为重点顾客送货上门定为一条制度，使那些有钱的高净值顾客成了永安公司的老主顾；二是公司鼓励营业员争取顾客的信任，与顾客建立和谐、密切的关系，对那些赢得顾客的信任，拢住一批常客的营业员以高薪和高额奖金作为酬劳；三是公司针对有钱的顾客喜欢讲排场、攀比、爱慕虚荣的心理，采取一种凭"折子"购货的赊销方式，顾客到永安公司来购物，不用付现款，只需到存折上记账即可；四是争取把一般市民顾客吸引到商店里来。

如此四项措施的落实，使永安公司成为上海一家无论是上流社会还是一般市民都很喜欢的百货商场，只要光顾这里，都能满意而归。商场几乎每天都挤得水泄不通，生意火爆。

还有日本著名的大仓饭店，是世界上独具一格的高级饭店，也堪称"家外之家"。大仓饭店有一条不成文的信条，"顾客永远是正确的"。大仓饭店的职工受到严格的训练，必须诚心诚意地接受每个顾客的意见和建议，使顾客的要求尽可能得到满足，这使饭店成为名副其实的"顾客之家"。

以上企业的观点都是顾客至上，这是一种颇具智慧的销售方法。作为企业，就应该以消费者需求为首要任务，必须时刻牢记"顾客永远是正确的"。即便顾客的要求有时并不合理，但是为了满足顾客的需求，为了使企业获得收益，以委婉或折中的方式来满足顾客并非息事宁人，而是一种智慧。

05　灵活妙用，让自己成为渠道专家

一定要注重传统渠道的发展

我们不得不承认，现代渠道的出现使得产品能更快速地适应市场了，于是有很多企业就完全抛弃了传统渠道，这样的做法是很不理智的。传统渠道虽然式微，但还是有自身优势的，比如产品周转快、资金回笼快、活动期预收二级商货款、渠道下沉直控一些流通渠道客户等，传统渠道毕竟是经过市场和时代验证过的，不应该完全退出历史舞台，摒弃传统渠道的做法不可取。企业在发展的过程中一定要两手都要抓，这样才能确保自身利益最大化。

学会尊重企业员工

并不是所有人都能做到尊重企业员工，有的企业官僚气息浓厚，高层管理者对普通员工趾高气扬，完全不放在眼里。员工是整个企业工作正常运行的持久动力，是销售渠道的中坚力量，如果一个企业不懂得尊重员工，那这个企业无法长久生存。

有尊重才会有理解，有理解才能进一步沟通和交流。如果企业的某些高层打从心底里就不尊重员工，那企业就没办法以一种客观的心态去倾听员工的建议，无法以公平心去评判员工的行为。尊重员工是一个企业提高自己的基石，只有尊重员工，让员工感到自己被重视了，员工才会全心全意地为公司服务，企业发展才更有动力。

及时了解销售渠道的状况

社会在不断进步，科技在不断发展，各种新产品、迭代产品不断出现，国内外市场的竞争日益激烈。

一个企业要想增强产品在市场上的竞争力，在高速发展的市场环境中生存，就必须随着千变万化的市场动态，及时做出调整和应对，

并在采取行动之前，尽可能多地获得有关的市场信息和情报资料，以避免做出错误的决策，减少决策的风险。这个时候，及时了解市场动态就非常关键。掌握销售渠道内到底有没有危险信号，企业才能走得更稳。

学会模仿

虽然我们一直强调创新的必要性，但在某些时候企业完全可以去试着模仿其他企业一些做得好的地方。在商业历史上，不乏模仿者超越创造者的例子，比如IM（Instant Messaging，指即时通信）的先行者是ICQ和MSN，但在中国，行业的老大却是模仿他们的QQ，尽管近几年很多人选择使用微信，可是微信正是在QQ的基础上形成的，而QQ则是模仿MSN；eBay是全球电子商务行业的先驱，淘宝只是它的模仿者和追赶者，然而eBay如今的业绩根本无法与淘宝相提并论。这些成功的典型案例都向我们表明，一个企业完全可以有效地模仿，进而创造出自己的特色。

模仿不是一味抄袭，模仿也要有自己独特的思考，也许正是因为自己独特的思考和模仿而来的精髓相结合，才能诞生一个伟大的产品或品牌！所以模仿是可以的，企业可以心存审慎的态度去模仿，切忌一味抄袭，一定要有自己的思考。

渠道的"双赢战术"

企业和经销商打交道，只有双方的利益都达被满足才可以愉快合作，实现双赢。

营销学这样认为：双赢是成双的，对于客户与企业来说，应是客户先赢企业后赢；对于员工与企业之间来说，应是员工先赢企业后赢。

双赢强调的是双方的利益兼顾，即所谓的"赢者不全赢，输者不全输"。这是营销中经常用到的一种理论。多数人所谓的双赢就是对大家都有好处。"双赢"模式可以看作是中国传统文化中"和合"思想与西方市场竞争理念相结合的产物。

在现代企业经营管理中，有人强调"和谐高于一切"，有人提倡"竞争才能生存"，而实践证明，和谐与竞争的统一才是企业经营的最高境界。市场经济是竞争经济也是协作经济，是社会化专业协作的大生产，因此在市场经济条件下的企业运作中，竞争与协作不可分割地联系在一起。

那么企业应该如何做才能使得自身和经销商实现共赢？又或者说渠道共赢的战术到底是什么呢？下面我们从以下几个方面说明。

企业自身要有团队意识

随着时代的进步，人性化已经成为管理工作的关键词。所谓"得人心者得天下"，竞争拼的是人才，拼的是团队，唯有"走心"的管理才能留住人才，才能团结一致。经销商是企业获取利润的终端渠道，加强对经销商的管理和培养，进行技术技能指导是企业加强终端渠道建设的必要手段，企业实行人性化管理才能最终实现合作共赢。

在销售渠道中经销商和企业是合作关系，两者应该有团队意识，企业唯有对经销商在产品质量、培训及装修上给予保障与支持，才能助力自身在竞争中更大地获取市场份额。也唯有如此，企业和经销商才能实现共赢。

企业要多关注经销商的发展状况

我们先来看一下华为是如何做的。

华为采购部建立了物料专家团（Commodity Expert Groups，简称CEG），各CEG负责采购某一类或某一族的物料满足业务部门、地区市场的需要。按物料族进行采购运作的目的是在全球范围内利用采购杠杆。每个CEG都是一个跨部门的团队，通过统一的物料族策略、集中控制的供应商管理和合同管理来提高采购效率。

华为相信，只有良好的沟通才能培育出良好的业务关系。提供多样化的沟通渠道，以便和供应商进行开放的对话和讨论。华为采购部制定了供应商评估流程，定期向供应商提供反馈。该流程包括相关专家团正式的绩效评估。供应商的绩效将从技术、质量、响应、交货、成本和合同条款履行等几个关键方面进行评估。

评估流程的目的在于给双方提供开放的沟通渠道，借以提升彼此的关系。同时，华为鼓励供应商向其提出反馈，站在客户的角度来评价华为。这些评估信息将用于改善彼此间的业务关系以及改善华为内部的业务运作。

我们可以看到，在华为发展的过程中，其注重和经销商的沟通，华为方面也表示，只有有效地沟通，才能培育出良好的业务合作关系。

05 灵活妙用，让自己成为渠道专家

在企业和经销商合作的过程中，企业不能单纯地追求本企业自身的利益，而是要全盘考虑，兼顾经销商的利益，否则很可能会使经销商产生不满情绪，这对于双方的合作会造成很大影响。企业不能盲目地追求销售额和利润的增长，应该让经销商多了解企业的方针，并且切实地遵守企业的政策，进而促进销售额的增长。一些不正当的做法，如扰乱市场的恶性竞争、窜货、仿冒，虽然短期内会增加销售额，但有损企业信誉，对企业的整体利益极其不利。

因此，让经销商了解、遵守并配合企业的政策，是企业在经销商管理方面的重要方针。尽管终端卖场是属于经销商范畴，但卖场认的还是生产厂家的品牌，他们对生产厂家的认知决定了对产品品质的印象，所以企业要多走访终端卖场，多与卖场管理人员交流，听取对本企业系列产品的反馈意见和改进建议，同时与渠道成员联络感情。

要给经销商一定的话语权

个别企业，特别是一些财大气粗的企业，在发展的时候常把经销商视为"自己手下打杂的"，一个企业要想走得长远，千万不能有这样的想法，要时刻明白企业和经销商是合作关系，如果企业过于盛气凌人或者压榨经销商，经销商感到双方的合作进行不下去了，是有权站出来终止合作的。

企业要把经销商当作自己的手足兄弟，当经销商遇到困难时，适时去帮助经销商，最重要的是要给经销商话语权，要让经销商能自由地表达自己的意见和建议，向企业反馈他们的心声，这样企业才能更好地了解市场行情，促进经销商和企业之间的合作关系，经销商也会感到自己被重视，这对双方的发展都有好处。

企业要和经销商共同承担风险

在销售活动中，企业和经销商就是"一根绳上的蚂蚱"，所以在市场情况不稳定的时候，企业一定要有和经销商共患难的态度和准备。市场风险加剧之后，仅凭经销商的常规操作是难以承担的。如果企业此时对遇到困难甚至陷入绝境的经销商置若罔闻，也许经销商就会逐渐丧失对该企业产品的信心。

做企业，锦上添花的事谁都喜欢，雪中送炭的事才是真的难能可贵。这里所说的共同承担风险，用一句俗语来讲就是"救急不救穷"，市场竞争激烈，经销商在经营过程中难免遇到挫折，在困难时企业伸手拉一把，不只是帮经销商渡过难关，可能拉起的还有这个品牌厚重的责任感和熠熠闪光的品牌形象。经销商会将这份救助铭记在心，消费者也会为企业的行为竖起大拇指。如果经销商实在是经营不善，无力回天，那企业也没必要为合作商倾尽全力，毕竟两者只是商业合作关系，企业只能与失败的经销商终止合作。

企业的和经销商的最终目的都是为了自身的发展，获取更多的利益。在这个过程中，企业要努力让经销商赚钱是最基本的原则。但是，如果经销商过于强大，企业就应该对其进行一定的掌控，有一定的限制甚至反制措施来保障企业自身的利益，否则后果将不堪设想。

总而言之，要想实现共赢，企业一定要做到前面说的几点，这样企业和经销商才能够携手共进，实现双赢。

销售渠道整合

所谓销售渠道整合，就是渠道设计和再造需要遵循的总体原则，即通过整合渠道资源，为各个渠道成员提供更高的价值，获取更高的渠道效率。

渠道整合的表现

企业在销售渠道整合过程中扮演着领头羊的角色，对企业而言，渠道整合体现在两个方面：一是对企业内部资源的整合，二是对企业外部经销商营销中心体系的整合。

其实区分内部和外部并无必要，因为要整合好渠道资源，必须把从原料供应商到终端零售商等所有环节视为一条完整的产业价值链，只要是这条价值链上的成员，都是整体中不可或缺的个体，都应该被视为内部客户而非外部经销商。

渠道整合的最终的表现是渠道系统的设计，如垂直一体化渠道，混合渠道或双重渠道的构建。

渠道整合的目的

渠道整合必须为渠道成员创造更多价值，这里的渠道成员除了企业自身外，还包括经销商、分销商、零售商和消费者。在整合过程中，如果企业只是单方面考虑自己的利益，就会与渠道其他成员之间产生利益冲突，这时将产生急剧的市场变化和动荡，最终导致渠道整合失败。为了达到整合的目的，企业就必须充分考虑渠道成员的价值期望。不同性质的渠道成员希望增加的价值各不相同，对经销商而言，他们相对比较注重增加利润额和销售量，零售商则比较注重服务价值和品牌形象，而最终消费者更加注重物美价廉、售后服务和购买使用的便捷程度。

因此，在制定渠道整合措施时，制造商需要在自身的价值和其他渠道成员对制造商的价值增值期望之间调节平衡，最大限度地实现综合渠道价值，从而促使自己获得长期、稳定的销售回报。

渠道整合是一项战略措施

其一，渠道的构建相对而言是长期的决策，渠道模式一经确定，即使市场情况发生变化，调整原有渠道成员的经销关系也会面临很大困难。其二，渠道决策涉及企业与经销商之间的关系，远比其他营销中心决策复杂。其三，渠道决策的效果有一定滞后性，当渠道出现不良反应传导到制造商时，损害早已发生了。

因此，制造商在进行渠道整合时，必须要把其视为一项战略决策，对以下内容进行认真思考后再作决定。

◇这种整合是否有利于制造商渠道体系的稳固和长期利益的获取？
◇这种整合是否增加了其他渠道成员的价值？
◇这种整合是否会导致各渠道成员的利益和关系发生变化？它会产生怎样的后果？
◇如果整合对渠道成员的利益产生了损害，制造商将给予怎样的补偿？
◇这种整合是否与制造商的发展战略需要和企业文化一致？
◇这种整合的实施步骤和具体日程如何控制？
◇如何对这种整合进行充分的沟通和必要的解释？
◇如果出现意外情况该如何应对？

05 灵活妙用，让自己成为渠道专家

渠道整合设计原则

渠道间整合设计并不是基于企业整体市场进行的，它的分析基础是企业的各细分市场，也就是说，设计是以各具体细分市场为基础进行的。

在某一选定的细分市场上，首先要分析目标顾客的购买准则，并与企业不同营销渠道的绩效相比较，选出所有与目标顾客购买准则相适应的渠道；然后在这些渠道中进行"产品—渠道"适应性分析，找出能够满足相关需求的渠道；最后对保留下来的渠道进行经济性评估，只有满足企业经济标准的渠道才适合保留下来。

渠道整合的方法

第一，渠道扁平化。

渠道扁平化就是指通过缩减分销渠道中不能带来增值或增值很少的环节，以降低渠道成本，实现生产商与最终消费者的近距离接触，继而实现企业利润最大化的目标，并有效地回避渠道风险，实现企业经营的良性发展。渠道扁平化，意味着减少中间环节。

现在很多厂商提出了扁平化的渠道发展思路，即由总代理直接面对经销商，经销商直接接待最终用户，并很快以各种途径将这一思路付诸实践。渠道扁平化是分销渠道发展的趋势，但企业渠道扁平化的目标、方向不是唯一的、固定的，而是多向的、可变的，不同企业具体的发展策略是由渠道扁平化的目标所决定的。

对单个企业而言，其扁平化的轨迹和模式多种多样，但从当前渠道扁平化发展的趋势来看，其发展方向大致包括以下几点：传统渠道层级的压缩、商场与专卖渠道的加入、直销渠道尤其是网络分销渠道的迅速发展。

第二，渠道集成化。

其实这里所讲的集成化，主要就是将传统渠道和现代渠道结合起来。我们知道，目前传统渠道和现代渠道之间的矛盾越来越尖锐。影响企业销售渠道发展的因素很多，但最关键的因素是销售渠道没有随着企业的战略目标和市场环境的变化而变化。

从一定层面上讲，企业的生命周期是客观存在的，但如果能在企业生命周期内进行适当的渠道变革，企业通常可以获得更长久的生命力和竞争力。所以企业必须处理好传统渠道和现代渠道的矛盾，其中传统渠道包括批发市场、农贸市场、杂货店、摊群市场、街边个体店铺、旅游售卖点。由于传统渠道存在终端数量多、分布散、单体营业额相对较低的特点，因此传统渠道中，品牌主要依靠顺流而下、自然融通到不同的零售网点，传统渠道可以传遍大街小巷的每个角落。现代渠道包括大卖场、综合超市、连锁便利、专业店、专卖店、折扣店、仓储店。

零售商依靠可标准化的核心经营要点，可以实现迅速复制和扩张，形成连锁规模化，并在供应链中日益显露强势地位。企业必须将传统渠道与现代渠道相结合，让两者共同发挥自己的优势。

要考虑顾客的满意度

企业在发展过程中一定要充分考虑顾客的感受，时刻重视和关心顾客的物质和精神需求，这可以有效提高企业在消费群体中的形象和地位，收获稳定的经济收益。在推销产品之前，企业必须要及时从市场搜集客户的需求和消费行为，通过科学合理的分析来为顾客提供优质的服务。

与传统渠道相比，网络营销渠道在这方面做得相对较好，我们在网上购物的时候，就可以清楚地看到产品的详细信息，还可以和其他

05　灵活妙用，让自己成为渠道专家

企业的产品进行明确对比，这样顾客就可以选择出他们真正需要的东西。用这样的方法来加强企业和顾客之间的了解，以此来满足相互的需要和服务，同时有效建立与客户的沟通方式，最大限度地满足顾客的需要，就能逐渐提高企业在市场的竞争力和服务影响力。

总而言之，企业要想在市场上站稳脚跟，就必须时刻把握市场行情，了解企业自身的能力，制定科学的营销策略，通过创新的营销渠道模式，对自己的销售渠道进行整合，不断完善产品的质量和服务理念，实现企业的可持续和全面发展。

渠道让你成为销售专家

市场的竞争，说到底都是人才的竞争。随着社会的发展，越来越多的人才涌入到销售行业，为企业和社会的发展做出了巨大的贡献。但并不是所有人都能把销售工作做好，要想成为销售专家，说难不难，说易不易，最重要的还是要战胜自己。

销售人员在进行销售的过程中，实际上就是对自我能力的一种提升，谁都可以成为销售人员，但是要成为销售专家很难。那么销售人员应该怎样做才能成为销售专家呢？

专家，顾名思义就是在学术、技艺等方面有专门技能或专业知识全面的人，特别精通某一学科或某项技艺的有较高造诣的专业人士。不管成为哪一个领域的专家，我们都要明白，专家是在某个领域把绝大部分事情都能看得通透、做到极致的人，所以专家一定是严格要求自己、不断提升的领域精英。我们先来看看下面这段对话。

王强是一家设备生产企业的销售员，目前正在和一名客户进行沟通，我们来看看王强是如何一步步将话题打开的。

销售员（王强）：早晨好，刘先生，见到您很高兴！

客户：你好，你找我有什么事情吗？

销售员：刘先生，是这样的，我是W公司的王强，我今天拜访您的主要原因是我看到了《节能行业》上有一篇关于您公司所在市场的介绍。

客户：真的吗？《节能行业》上面都说了什么？

05 灵活妙用，让自己成为渠道专家

销售员：这篇文章说到您所在的节能行业有巨大的增长潜力，预计今年全年增长幅度会达到70%，总市场规模将达到400亿元，您的公司这么大，一定会对这样的信息很感兴趣吧？

客户：是啊，前些年市场很不好，不过近两年咱们国家提倡节能环保并且还在大力扶持，所以我觉得我们公司未来的发展前景还是很不错的。

销售员：刘先生，现在市场竞争这么激烈，我相信贵公司的内部压力一定不小吧？

客户：是啊，尤其是这几天我们的销售部、生产部实在是太忙了！

销售员：是吗？现在不管做什么工作都很难啊！对了，刘先生，我发现您公司打出了招聘生产销售人员的广告，是不是就为了解决这个问题呢？

客户：对啊，要不然我也不会过来，实在是太忙了！

销售员：您说得也是，那么刘先生，相对于人均每日制作400台元件的这个平均数，您公司的人均生产是高还是低啊？

客户：这个数字还是比较接近的，人均差不多就是400台左右。

销售员：刘先生，那么就目前来说，还有没有提高生产效率的方法呢？

客户：我觉得基本不可能。

销售员：刘先生，贵公司用的设备是什么品牌呢？用的又是哪种型号？

谈到这里，我们可以看到话题已经成功地被打开了，谈话会顺利地进行下去，客户很可能会对销售员接下来要推广的企业产品产生好感。从对话中我们也可以看到，王强极强的专业知识，最后成功将客户引导至自己想要表达的话题。

真正的销售专家，懂得该如何和客户进行沟通，所以说销售人员最应该做的就是学会引导客户，将自己即将推销的产品理念灌输给客户，学会让客户相信自己。王强在销售的过程中有以下几个亮点，值

得销售人员去学习。

◇善于沟通。

王强在和顾客进行交谈的时候，并没有直接去问顾客要不要买自己企业的设备，而是先关心客户，然后再对顾客进行引导，最终将顾客带到自己想要表达的话题上。

◇善于建立差异。

很多销售人员在与顾客进行沟通的时候，总是一直会强调自己推销的产品有多好，企图通过这种方法让顾客对自己的产品产生兴趣，然而有时候这种方法可能会适得其反，有一部分顾客很反感销售人员一上来就夸赞自己推销的产品有多好。所以在推销产品的时候一定要学会提问，和顾客建立感情，然后再将自己的产品成功地介绍给顾客。

掌握专业知识

不管是什么领域的专家，都要对自己所进入的领域的基本知识和概况有扎实的理解和认识。其实这就跟我们做数学题一样，只有把最基本的定理、公理掌握扎实之后才有可能把这道数学题解答出来。

销售人员要想成为销售专家，就要对自己将要出售的产品的功能等方面进行透彻了解。假如一个销售人员是卖家具的，那么销售人员就不应该只是简单的和顾客生硬地聊家具有多好，而是应该多和顾客聊一聊生活中的小细节，这样就会让顾客对自己产生好感。

在聊这些小细节的时候，销售人员就可以把自己所掌握的专业知识应用进来，让顾客觉得你是一个既懂生活又懂家具的专业人士，自然会增加对你的信任，也就增加了成交的可能性。

05　灵活妙用，让自己成为渠道专家

要有事实依据

销售人员在销售的过程中，一定要用事实说话，不能夸夸其谈，满嘴跑火车。客户不是傻子，你是不是在瞎说他们是有感觉的。一定要学会让客户觉得销售人员所说的话有道理，这需要销售人员信守承诺，不要过分吹嘘自家的产品，否则当客户戳穿你的时候，轻则让你颜面尽失，重则会直接损害企业的信誉。

要善于总结和思考

要想成为销售专家，不仅需要磨炼自己的口才，时刻注意自己的言行，还要适时总结和思考，懂得复盘和反思。销售人员在进行销售的过程中，总会遇到各种各样的困难，这时销售人员不能气馁，应该珍惜这样的机会，因为只有当自己遇到困难了，才会知道自己到底在哪些方面存在不足，更好地改正和提升自己。

销售人员在销售的过程中，一定要学会思考和总结，不管是什么工作，要想做好，复盘和反思必不可少。

进行高效率的工作

看过《社交网络》这部电影的人都知道，这部电影主要讲述了Facebook曲折的创业史。电影中最令我惊讶的是扎克伯格这个人，尤其是他雷厉风行的执行力和极高的办事效率。

扎克伯格被女友甩掉的当晚便心血来潮，在很短的时间内，在电脑上做出了一个网站FaceMash，这就是Facebook的前身。该网站就是让校园里的美女们上传照片，然后让网友去评分。这款简单、粗糙的产品，迅速抓住了大学生的眼球，并且通过评分建立了竞争机制，竟然大受欢迎。

影片中扎克伯格晚上8点多回到宿舍，10点多开始着手做FaceMash，凌晨2点多舍友回来提供了算法公式。网站上线后，在校园中广为流传。凌晨4点，网站出现流量异常，结果导致哈佛的校园网崩溃。也就是说，他只花了6个小时，便完成了产品的设计、开发、上线，这几乎是一个创业团队两天的工作量。

正是由于扎克伯格这样快的办事速度，才使得Facebook创造了一个又一个奇迹。

如今的社会竞争越来越激烈，一个能够高效办事的人，可以有更多的时间去做其他事情来丰富自己。至于销售人员如何提高工作效率，主要有以下几个方法。

◇明确自己的销售目标。
◇制定明确的销售工作计划。
◇拿得起放得下，主要表现在能够区分轻重缓急。
◇科学利用时间：一是用最佳时间做最佳和最重要的工作；二是坚持今日事今日毕；三是集中一段时间从事耗时多的工作；四是无论何事均做好准备。

普通的销售人员要想成为销售专家，就必须严格要求自己。这个过程可能会很漫长很痛苦，但是为了让自己变得更优秀，让自己真正成为销售专家，一切都是值得的。

渠道绩效评估

渠道绩效评估是指厂商通过系统化的手段或措施，对其营销渠道系统的效率和效果进行客观考核和评价的活动过程。

渠道绩效评估的对象，既可以是渠道系统中某一层级的渠道成员，也可以是整个渠道系统。在营销实践中，不少厂商同时对某个层级的渠道成员及整个渠道系统进行评估，尤其是在渠道扁平化发展的趋势下，厂商更多地加强了对渠道系统中具体渠道成员的绩效评估，以利于厂商决定是否对某些层级的渠道成员进行扁平化。

渠道绩效是一个多维、纵深的结构，既包括宏观层面，也包括微观层面；既包括渠道系统的绩效，也包括单个层级渠道成员的绩效。从宏观层面来说，渠道绩效就是指渠道系统表现出来的对社会的贡献，是站在整个社会的高度来考察的；从微观层面来说，渠道绩效则是指渠道系统或渠道成员为厂商所创造的价值或服务增值，是从厂商自身的角度来考察的。

事实上，厂商和渠道成员一般是以独立的经济实体的身份组织在一起，形成一个营销渠道系统。因此，在营销实践中，微观层面的渠道绩效评估又包括厂商对渠道系统的绩效评估和渠道成员对渠道系统的绩效评估。接下来我们主要从厂商的角度出发，来阐述如何对渠道系统进行渠道绩效评估。

企业对渠道系统的评估主要有以下几个方面。

渠道系统管理组织评估

渠道系统管理组织的评估，包括两个方面的内容。

一是考察渠道系统中销售经理的素质和能力，比如在厂商的某渠道系统中，从事销售工作3年以上且达到一定学历的地区经理占销售经理总数的比例有多大，该比例越大，表明销售管理组织的素质和能力就越强。

二是考察厂商分支机构对零售终端的控制能力，比如在厂商分支机构是否有自控的零售终端。如果有，自控零售终端的销售额占厂商分支机构所在地销售的比例怎样，该比例越高，表明该分支机构在做市场，而不是在做销售。

客户管理评估

这里的客户是相对而言的，客户管理评估包括三个方面的内容：一是最终客户，二是组织客户，三是渠道成员的业务人员。

第一，对于最终客户的管理，需要考察是否建有最终客户数据库。如果有，包括的字段有哪些，这些字段是否合适，记录的字段填写是否完整、清楚等。通常情况下，最终客户数据库应该包含如下一些字段：客户姓名（或名称）、地址、邮编、联系电话、E-mail地址、产品型号、购买价格、购买日期、记录建立时间、记录建立人、是否回访、回访时间、回访人等。如果可能，还有必要记录下回访时了解到的一些信息，可以设置字段客户使用意见、使用频率、客户其他建议等。

第二，对于组织客户的管理，更需要考察是否建有数据库。具体操作可以参考对最终客户的管理。

第三，对于厂商来说，渠道成员的业务人员，就像上述两类客户

05 灵活妙用，让自己成为渠道专家

一样，只是更加特殊的"客户"而已，因此也需要建立数据库来统一管理。

有了上述数据库之后，就可以来考察厂商的渠道系统了。在客户管理评估方面，主要看两个指标，一个是厂商分支机构中的最终客户和组织客户数量分别占该地区同类客户的比例；另一个是厂商分支机构掌握多少渠道成员的业务员档案。第一个指标越高，第二个指标就越高，如此则表明厂商分支机构工作做得就越深入细致，厂商渠道系统抗风险的能力也就越强。

渠道成员铺货管理评估

渠道成员铺货管理的评估分为两个步骤。

第一，对构成渠道系统相关层级的渠道成员的信用状况进行评估。

这一步至关重要，直接关系到后面的铺货风险问题。根据对评估下来的渠道成员信用等级情况，确定是否铺货或者铺多少货等具体数据。

第二，控制铺货金额。

对于一般的零售终端来说，要确定合适的铺货量，不能太少，太少了可能造成缺货或断货；也不能太多，太多了则会增加风险。对于规模大一些的主要负责分销的渠道成员，需要根据其信用状况确定具体铺货量。

对于渠道成员铺货管理的评估中，有一项很重要的指标，那就是看整个渠道系统的渠道成员质量状况。如果在综合评定后，拥有较高信用级别的渠道成员数量与公司所有渠道成员数量比例较高，就说明该渠道系统具有较高的质量，否则就认为其质量一般或较差。

渠道成员沟通评估

渠道成员沟通评估，主要通过厂商对渠道成员的培训来间接考察。一般情况下，厂商的渠道系统都是由与厂商在资本上分离的不同渠道成员构成的，因此，厂商需要通过培训，将分散的渠道成员统一于厂商的企业文化之中。

在该项评估上，可以通过考察参加培训的渠道成员占比、接受厂商规定的渠道成员占比，以及参加厂商员工活动的渠道成员占比这三项指标来衡量。如果这三项指标都比较高，则反映厂商与渠道成员沟通比较有效、合作比较融洽，否则，厂商与渠道成员在有效沟通上存在不足或有问题。

市场促销活动评估

无论是由厂商自身组织、渠道成员辅助实施，还是由渠道成员自身组织、厂商辅助实施的市场促销活动，通常情况下一般需要明确如下四个方面，即促销目的、促销原则、促销中间环节以及促销切入点。

第一，促销目的是否明确。

市场上各种各样的促销活动，归结起来，其目的不外乎以下几种：一是由于新产品上市，吸引顾客，尽快打开市场；二是抑制竞争对手，保护自身的市场；三是与竞争对手争夺顾客，拓展市场宽度或深度；四是回馈顾客，留住顾客，增加销售。

第二，促销原则是否正确。

无论是厂商主持还是渠道成员主持，市场促销活动都需要遵循娱乐和让利这两个原则。娱乐原则在于争取更多人员参与，让利原则在于争取更多人员购买，打压竞争对手。

05 灵活妙用，让自己成为渠道专家

第三，是否把握好三种力。

促销活动过程中存在三种力，即终端顾客的拉力、渠道成员的推力以及厂商的引力。如何协调好这三种力，直接关系到促销的最终效果。

第四，是否找好切入点。

促销活动想要产生预期的效果，就要找好切入市场的点。通常情况下，促销活动有四大切入点，分别是借势、造势、乘势和顺势。

企业对于渠道进行评估可以清楚地了解到销售渠道的发展情况，对于可能出现的问题及时找到相应的解决办法。

适时进行渠道转换

我们都知道渠道是产品通过企业流向顾客的通道，在这个过程中，由于市场、企业、产品功能以及行业发展等方面的变化，使得企业在这一过程中不得不对不同的产品生命周期、不同的产品品类、不同的消费时段推出不同的管理方案。我们这里所讲的管理方案，主要是指适时进行渠道转换，渠道转换也可以理解为渠道调整。在这里我们主要阐述渠道转换的深层次原因，以及如何进行渠道转换。

渠道转换的深层次原因

第一，渠道冲突。

其实企业在运转的过程中，产生渠道冲突是无可避免的。如今越来越多的小规模零散型的传统渠道衰退，连锁、特许加盟等规模化集约流通方式兴起，专业中间商快速发展，营销环境的巨大变化导致企业渠道剧烈动荡。

就目前来看，许多企业更想要直接和最终用户接触，这样省去中间环节，自己可以获取的利润空间更大。企业的这一行为肯定会损害中间商的利益，进而导致中间商的不满甚至排斥企业渠道。很多企业渠道向心力薄弱，处理渠道问题力不从心，渠道冲突不可避免，此时企业首选的措施是想方设法加强渠道的可控性，跳出单一渠道的束缚，对现有和潜在渠道深度分析，力求实现渠道转换。

第二，渠道成本控制问题。

企业进行销售活动的最主要目的就是获得盈利，所以企业考虑一切问题的出发点都是自身的利益。然而长久以来，企业对成本的控制仅着眼于企业内部，而忽视对渠道中成本的控制，致使渠道费用持续攀升。

从另一方面来看，企业忽视渠道成本，意味着企业没有全面考虑整个系统的竞争性，而渠道改善带来的收益会远远超出压缩企业内部成本。许多企业，尤其是规模较大的企业，已经意识到了其中的问题，在现实动因下开始加强渠道成本控制，进行渠道调整和策略转换，缩短销售渠道链。

第三，新渠道的冲击。

我们必须承认，传统的渠道具有封闭性，其中存在着许多不可克服的缺陷：渠道布局不合理，对行业市场的覆盖能力不够全面；多层结构的渠道不能准确、及时反馈信息，造成人员和时间上的资源浪费；粗放式渠道管理使企业的销售政策不能有效执行，妨碍企业产品流通效率等。

社会在不断进步，新兴事物不断出现，企业也应该意识到密集分销方式由短渠道、窄渠道取代，通过转换决策使渠道提速、拓宽、增效。

第四，扩大市场份额。

企业通常会推出新产品，通过产品的升级带动渠道升级。

一般情况下，在扩大市场份额的时候，企业原有渠道难以达到理想的效果，这个时候就需要企业对现有渠道进行调查与分析，重新定义服务对象和市场范围，调整渠道成员，发展新的渠道。

如何进行渠道转换

在阐述这个问题之前，我们先来看一下惠普的渠道转换成功之道。

惠普是世界上最大的信息科技公司之一，成立于1939年，总部位于美国加利福尼亚州帕洛阿尔托市。惠普下设三大业务集团：信息产品集团、打印及成像系统集团和企业计算机专业服务集团。2005年11月，惠普开始了大刀阔斧的改革，进行中国范围内的渠道大调整，基本方案是从原来的全国总代制，变为8大区域分销管理，这8大区域包括北京、上海、广州、南京、东北、西北、西南、华中，各大区域可以根据当地情况的差异采用不同的渠道策略。

惠普的这种改革方式其实在跨国企业中很少见，因为跨国公司采用区域经销模式的公司不多，有企业也尝试从由总代理制改为直接面对区域代理，但后来都因为业绩不佳，又恢复成总代模式，但惠普信息产业集团（PSG）就是敢为人先，采取这种方式，并且PSG集团各地区域分销商的名单几乎已经确定，八大区域根据各自情况的不同，各有2~5家区域分销商，在东北、西北、西南和华中4个销量相对较小的区域实现了真正的区域代理制，每个区域选定两三个区域总代理。而在其他4个区域，惠普依旧延续了全国总代理模式。惠普还通过各种途径进入零售大卖场渠道，这个零售大渠道独立在代理制渠道之外。

总体来说，惠普的新模式改变了过去把产品交给总代理，由他们层层批发的模式，逼迫他们直接去区域内寻找信誉良好、直接掌握大量终端用户的渠道商来合作，并且为这些人划好区域、定好规则，让他们在各自的"一亩三分地"里精耕细作，有效地防止恶性价格竞争的出现。

这种模式使惠普和分销商的精力都更加专注，各地分公司也从以前对口多家核心代理转为只需面对区域内的指定代理。在面对一些高端客户的产品需求时，惠普采用的是"纵向整合高速供应链"营销模式，从设计、制造到销售，几乎全部由自己亲自完成。不得不说惠普的改革是成功的，一系列调整让惠普在激烈的竞争中风生水起。

05 灵活妙用，让自己成为渠道专家

企业进行渠道转换，可以从以下几个方面着手。

第一，确定渠道转换目标。

企业在进行渠道转换时一定要结合产品自身特点来分析，同时要及时把握目标市场动态，注意消费者的一些消费习惯，与企业市场战略目标的匹配度等重要信息，这样才能有条不紊地开展渠道转换工作。

在制定转换方案之前，企业首先应对渠道进行整体调查，包括内部资源、外部资源、渠道类型、客户需求、竞争对手、渠道态势等众多内容，在调查研究后再确定渠道转换目标。整个过程中，企业要及时去了解渠道成员的想法，掌握渠道的特点和渠道政策的实施状况，听取多方意见和建议，把握市场发展趋势和机会，为适时转换渠道做好前期准备。

第二，创造渠道转换条件。

想要实现成功地转换，企业应该有自发力去创造转换条件。最重要的一点就是要把自己做强做大，只有这样才更具吸引力，很多有资历的中间商才更愿意与企业合作，这样一来就可以形成强大的市场合力，对其他中间商也有示范和震慑作用，帮助渠道转换顺利实施。

第三，加强渠道转换管理。

想要加强渠道转换管理，就要求企业内部人员必须将自己的思想与企业的发展思路统一，如果指导思想和内部意见有分歧，大概率会导致渠道转换半途而废。

同时，渠道转换管理要考虑使企业、中间商、消费者之间的利益结构趋于稳定，避免渠道链条断裂，否则后果将是给企业带来巨大的损失。渠道转换管理的重点应是在短期内帮助新的中间商走上正轨，新的中间商能否在短期内迅速适应和成长，关乎与企业的合作是否得力。

渠道转换其实也是企业管理、执行、洞察等多方面能力的体现。有些时候，企业并不知道或者说完全没有意识到自己需要进行渠道转换，最终耽误了最佳的渠道转换时机，导致企业错过市场，甚至错过时代，给企业带来难以估量的损失。

那些高瞻远瞩、危机意识强、敢于自我革新的企业，则知道该在何时以何种方式转换渠道，不会坐以待毙，自取灭亡。

深度分销模式，让你的业绩快速增长

说到分销，很多人比较了解，但是若说到深度分销，可能有人还无法理解其中的含意。深度分销确实给国内一些企业带来了跨越式的发展，比如娃哈哈，比如格力，比如奇强。这些龙头企业在发展过程中，都运用了深度分销模式，所以他们才取得了如此大的成就。即使到了社会飞速发展的今天，这些企业依然是同行中的佼佼者，可见深度分销模式对企业发展的意义有多么重大。

我们应该清楚地认识深度分销带给企业以及社会的经济效益。当然了，对于企业自身结构的熟悉，以及市场发展规律的正确把握，是确定企业是否需要进行深度分销的重要标准。

深度分销的概念

所谓深度分销，也可以称为渠道精耕，即区域滚动销售，是指通过有组织地提升客户关系价值来掌控终端，滚动式培育与开发市场，取得市场综合竞争优势，冲击区域市场第一的有效的市场策略，是一种由企业组建分销队伍，对经销商覆盖不到或不愿意覆盖的区域或终端进行分销覆盖，以取得更高铺市率的模式。深度分销作为一种营销模式，是社会分工的要求，对目标市场区域进行划分后通过固定人员的定线、定时，对终端细致拜访，进行市场开发、维护、服务和管理，实现对销售通路的精耕细作，达到提高产品铺市率、提升销售量、了解竞品、市场的目的。

模式由来

20世纪80年代末，宝洁公司在中国建立合资企业，由于当时中国的商业环境不成熟，宝洁公司直接将销售经理们派往经销商办公室，去帮助经销商全面了解、接受和践行宝洁公司的营销思想、营销策略和方法。

更重要的是，销售经理们和经销商一起进行网络的建设与完善，一起管理物流和促销，直接参与对业务员及促销人员的培训和管理，迅速提高和完善了中间商的营销能力。实践证明，这种合作方式成效显著。后来，越来越多的企业开始效仿这种模式。再后来，人们给这种模式起了一个名字，即深度分销。

分销核心

第一，传统分销。

传统的分销模式是"厂家—经销商—二批商—终端—消费者"，整个营销网络呈金字塔形排列，在通路层级上对于企业来说只是数量的差别而已。对于单个企业而言，所谓分销模式真正的核心问题，其实就是由谁主导这个网络的运作，是厂商还是经销商？他们到底做些什么？归根结底，分销模式的问题基本上就是厂商与经销商如何分工的问题。

第二，深度分销。

深度分销，顾名思义，就是厂家对于渠道网络运作深度参与、占有主导地位的一种分销模式。在理想状态下的消费品深度分销模式中，厂家负责业务人员的管理、网络的开发、终端的维护、陈列与促销的执行等主要工作，经销商只负责部分物流和资金流。但是在现实中，这只是一种理想状态，没有任何一家企业能够完全实现，在执行

05 灵活妙用，让自己成为渠道专家

过程中多少会打些折扣。

第三，分销过程要素。

一个完整的分销过程包括两个基本要素，一是整体分销过程的参与者，二是每个参与者所承担的责任和义务。

在整个分销过程中，参与者不仅仅是企业与经销商，更为完整的考虑范围应该包括企业总部、驻外机构、经销商、二批商、终端五个主要的参与者类别，同时随着区域和渠道的变化，还会有些差别，而且每项工作中各个相关方参与的程度也有所不同。同时，一个完整的分销过程包含了若干工作内容，比如营销计划的制定、库存的管理、零售点的覆盖、陈列管理、信用提供、促销的设计和执行、物流配送、货款回收。

对深度分销进行了大致了解之后，我们一起来看看通过深度分销模式最终取得好成果的康师傅是如何做的。

康师傅控股有限公司总部设于天津经济技术开发区，主要从事方便面、饮品、糕饼以及相关配套产品的生产和经营。康师傅自1992年研发生产出第一包方便面后，迅速成长为国内乃至全球最大的方便面生产销售企业。1995年起，陆续扩大产品范围至糕饼及饮品，先后在中国40余个城市设立了生产基地。2009年全年内集团总营业额同比上升18.94%，至50.81亿美元。2012年3月底，康师傅与百事联盟获批，"康师傅可乐"或将上市。公司透过自有遍布全国的销售网络分销旗下产品，截至2006年12月底，共拥有437个营业所及80个仓库，服务于5490家经销商及73392家直营零售商。四通八达、快捷高效的营销网络和售后服务是保障公司产品高居市场领导地位的主要原因，也有助于新产品及时、迅速地登陆市场。

在主业快速发展的同时，公司亦专注于食品流通事业，持续强化物流与销售系统，以期整合资源，力图打造全球最大的中式方便食品及饮品集团。今后的发展仍将资源专注于食品流通事业，继续强化物

流与销售系统。康师傅在大陆的崛起被业界视为一个传奇。康师傅的成功和其正确的深度分销模式是离不开的。

深度分销是康师傅公司企业文化的精髓，已经运作十几年了。康师傅的深度分销主要从三个方面着手。

一是对渠道层次进行压缩。营销渠道环节过多，可能会导致渠道的效率降低，这样一来企业对于市场营销过程中的一些重要信息就难于了解与把控，同时可能会增加多方面的开销，并且自身产品在市场的竞争力更加处于劣势。只有尽可能压缩渠道，减少中间环节，产品才可能以更加低廉的价格投入市场。顾客购买产品的花销降低了，某种程度上也会提高顾客对产品以及企业的好感度。

二是对各个区域进行合理规划。合理规划可以保证每个参与者都有合适的销售区域，如此一来，便不会出现同一产品价格天壤之别的怪现象了。

三是企业在为自身谋求利益的同时，要与渠道成员积极合作，为他们带去更加优质、专业的信息和服务。千万不要以破坏经销商利益为代价来扩大企业自身的利润，因为经销商在这里扮演了一个桥梁的作用，所以经销商的行为一定程度上代表了企业的面貌。

康师傅关于深度分销模式的案例，值得企业去学习。深度分销可以大幅提高业绩，但是需要注意的是，一个企业应该采取什么样的分销模式，还需要结合企业本身的营销能力以及渠道成员的集中程度来综合考量，根据营销资源、能力以及渠道集中度的不同，常用的分销模式包括区域总代理、关键客户、深度分销和联盟一体化这四大类。而模式的不同，就会导致选择经销商的标准、分工合作方式以及渠道管理方法完全不同。

深度分销的注意事项

采用深度分销模式，成功的前提是厂家自身需要具备一定的营销

05 灵活妙用，让自己成为渠道专家

资源和能力，其渠道成员，特别是终端成员数量要多，而且较为分散。另外，由于不同地区的渠道状况大不相同，在不同区域和渠道，同一厂家所采用的分销模式也会产生很大差别，不过更常见的还是多种渠道模式并存的现象。例如某企业在重点区域可能采用深度分销，而在非重点区域可能采用区域总代理，在现代零售业迅速发展的区域可能采用关键客户管理和深度分销并存的方法。

因此，不根据厂家自身的资源和能力，一刀切地盲目追求采用深度分销模式，必然会出现问题。

在决定"深度分销"的"深度"时，一定要综合考虑，其重点就是"深"的程度是否能达到资源投入边际效应的最大化。所谓"边际效应"，通俗讲指的就是费用投入有个最佳的限度，超过这个限度，销量的增长就会停止，不会无限制提高，再投更多的费用也无济于事，会造成浪费。

深度分销同样如此，"深"也有个限度，超过这个限度，销量的增长就会停止，这时候再"深"下去只不过徒增浪费，白白消耗投入成本罢了。

深度分销在今后的很长一段时间会被很多企业应用到营销中去，而现实也向我们表明，合理的深度分销对于企业的发展十分重要，而且效果比较明显。

发展核心力，创新赢市场

创新对一个国家、一个民族来说，是发展、进步的灵魂和不竭动力。创新对于企业的发展，也是至关重要的。一个企业要想长久立于市场，并且不断给自己注入生机，就必须进行创新。

乔布斯曾说：领袖和跟风者的区别就在于创新。

没错，创新是永远没有极限的！只要敢想，没有什么不可能的。如果你正处于一个朝阳行业，那么应该多去尝试更有效的解决方案、更简洁的商业模式。如果你正处于一个日渐萎缩的夕阳行业，那么或者在自己变得跟不上时代之前抽身而出，换个岗位甚至干脆转行；或者努力跟上时代的步伐，尝试改变日渐颓败的行业，看看能不能为夕阳产业找到破局或转型的方法。总之，不要拖延，立刻开始创新，否则就会被时代淘汰。

创新的意义在于突破企业原有的不适合时代和市场发展的模式，打破企业自身的局限性，对旧的产品更新换代，对不适应市场的管理程序进行调整。

如果一个企业不懂创新，仅仅依靠别人的技术或者自己原有的旧的格局，那这个企业注定走向灭亡。企业要时刻都有危机感，在现有条件下，创造更多适应市场需要的新制度、新举措、新产品，让自己走在时代潮流的前面。

我们来看一下两大巨头公司波音和沃尔玛的案例。

05 灵活妙用，让自己成为渠道专家

波音公司是全球航空航天业的领袖公司，也是世界上最大的民用和军用飞机制造商之一。此外，波音公司设计并制造旋翼飞机、电子和防御系统、导弹、卫星发射装置以及先进的信息和通信系统，是美国国家航空航天局的主要服务供应商。波音公司还提供众多军用和民用航线支持服务，其客户分布在全球近百个国家。就销售额而言，波音公司是美国最大的出口商之一。

已走过100年的波音公司，在最新的2017世界500强榜单中排名第60位，依然是行业内的领跑者。这不禁让人想问：波音基业长青的秘诀何在？在其竞争对手一个接一个倒下之时，是什么力量支撑着波音一直走向成功？

其实，在波音的发展历程中我们就可以找到答案，波音的成功是他们极强的创新意识以及执行力铸就的。

在波音公司的历史中，我们可以发现，无论其经营状况是好是坏，波音都没有停止过创新的脚步，波音的目标永远是下一个。在经营最糟糕的时刻，波音公司毅然决定投资巨无霸747的研发；在现金流最充裕、经营状况良好的时候，波音仍然坚持创新，决定研发民用航空史上最大的双发喷气式飞机波音777；到了21世纪，波音已经走向全球之时，又开始联手世界开发787型客机。

波音这种开拓创新的精神，其实早在公司创立之时就已经体现出来了，它是由公司创办者威廉·波音传承下来的。威廉·波音曾经说过：谁都不应该用"做不到"这一说法排斥新颖的构想。

创新是一个企业永续发展的力量源泉。在这个经济快速发展的时代，企业不仅要在技术方面进行创新，也要不断探索新的商业模式。

第二次世界大战结束后的1945年，沃尔顿从军队复员，在阿肯色州的新巷小镇租下一个店面，开始经营自己的第一家零售店。在20世纪五六十年代，沃尔顿把自己名下的Ben Franklin连锁分店拓展了15家，成为业绩最为突出的分店。1962年，沃尔顿觉察到折价百货商店有着巨大的发展前景，但Ben Franklin总部否决了其关于投资折价百货商店的建议。

为了把握这千载难逢的机会，沃尔顿决定背水一战，以全部财产做抵押获得银行贷款，终于在同年7月创办了第一家折价百货商店，后来的结果大家都知道，沃尔玛取得了巨大的成功。

沃尔顿为什么能够取得如此大的成功？主要是因为他的创新精神。当时的沃尔顿，已经拥有15家Ben Franklin连锁分店，如果是常人很可能选择安安稳稳地过日子。但他并没有满足于现状，而是不断突破自我，追求创新，尤其是在关键时刻，以全部财产做抵押去获得贷款，破釜沉舟、背水一战，终于取得了更大的成就。

那么企业创新都体现在哪些方面呢？

理念创新

我们常说，思想决定高度。一个人的思想观念对其行动的指导非常重要。对企业而言，理念创新是企业各项创新的前提。

对于一个企业而言，要及时地把握市场行情，多向其他理念先进、对自己有帮助的企业学习，面对市场变化要有新思路、新突破、新举措。要调动企业各级员工的创新积极性，在意识上对"创新"加以重视，企业后续创新工作的开展才会变得更加顺利。

管理创新

管理创新是指在特定的时空条件下，通过计划、组织、指挥、协调、控制、反馈等手段，对系统所拥有的生物、非生物、资本、信息、能量等资源要素进行优化配置，并实现人们新诉求的生物流、非生物流、资本流、信息流、能量流等目标的活动。充分、有效地使企业的人力资源得到利用，是管理创新的重要环节。

有三类因素是利于组织的管理创新的，分别是组织的结构、文化和人力资源实践。

05 灵活妙用，让自己成为渠道专家

第一，从组织结构因素看，有机式结构对创新有正面影响，拥有富足的资源能为管理创新提供重要保证，密切的沟通有利于克服创新的潜在障碍。

第二，从文化因素看，充满创新精神的组织文化通常有如下特征：接受不确定性、外部控制少、接受风险、容忍冲突、注重结果甚于手段、强调开放系统等。

第三，从人力资源因素看，有创造力的组织，大都积极地对其员工开展培训，以使其保持知识的更新；同时，他们给员工提供福利较高的工作保障，并且减少他们担心因犯错误而遭解雇的顾虑；组织也鼓励员工成为革新能手；一旦产生新思想，革新能手们会主动而热情地将思想予以深化、提供支持并帮助克服阻力。

企业管理创新，最重要的是在组织的管理层，要有完善的计划与实施步骤以及对可能出现的障碍或阻力的清醒认识。帮助企业主及CEO塑造此一方面的领导能力，使创新与变革成为可能。

产品创新

企业发展有一个长期的战略，产品创新在该战略中起着关键的作用。而产品创新也是一个系统工程，对这个系统工程的全方位部署也是产品创新的战略，包括选择创新产品、确定创新模式和方式，以及与技术创新其他方面协调等。

在产品创新的具体实践中，主要有自主创新与合作创新两种方式。自主创新是指企业通过自身的努力和探索，实现技术突破，攻破技术难关，达到预期目标的创新行为。合作创新是指企业间或企业、科研机构、高校之间的联合创新行为。当今全球性的技术竞争不断加剧，即使是实力雄厚的大企业也会面临资源短缺的问题，单个企业依靠自身能力取得突破越来越困难。合作创新借助外部资源，实现资源

共享和优势互补，有助于攻克技术难关，缩短创新周期，增强企业的竞争力。企业可以根据企业自身的经济实力、技术实力，选择适合的产品创新方式。

技术创新

技术创新是指以创造新技术为目的的创新或以科学技术知识及其创造的资源为基础的创新。前者如创造一种新的技术，后者如以现有的技术为基础开发一种新产品或新服务。这两种方式多数时是合二为一的，技术创新也是企业竞争优势的重要来源，是企业可持续发展的重要保障。

技术创新是企业生存和发展的基本前提。在当前新的国际国内环境下，加大技术创新力度，是企业增强发展能力、应对市场竞争的必然选择。

随着我国加入世贸组织，将有一个经济管理和运行机制与国际规则相衔接的调整适应期，各个产业部门和企业都面临着国际竞争的新挑战，急需适应经济全球化和世界新科技革命、"新经济"发展的趋势，抓住机遇，迎接挑战。所有这些都表明，企业要适应新的环境，赢得市场竞争，必须加强技术创新，构筑和保持自己在某一领域的优势。

创新是一个企业发展的力量源泉，一个企业如果不想被淘汰，如果想要赢得更广阔的市场，就必须进行创新！

06

自我总结，
销售人员的必备素养

销售本来就是一个压力极大的工作,要想有所作为,就必须学会随着工作的变化随时调整自己的心态。

对于一个企业的销售人员而言,必须学会正确把握自己的心态,及时调整,多去学习,心态问题解决了,很多问题迎刃而解,这样才可以将自己的本职工作做好,一切才会步入正轨。

销售人员的心态调整

　　心态其实是我们真正的主人，一个健全的心态比一百种智慧更有力量。在很多成功人士的经历中，我们可以看到这些人拥有一个共同的特点，那就是拥有良好的心态。其实大多数时候我们周围的环境都是由自己的心态决定的，对于销售人员而言，心态真的可以决定一切。

　　任何人对于不同的事物的态度都不一样，态度是一个人对待事物的重要驱动力，因为有了这个驱动力，我们才向着自己认定的方向前进。这里所说的态度，其实源自我们的心态，心态决定了我们的思想，思想又会体现在行动上。

　　销售本来就是一个压力极大的工作，要想有所作为，就必须学会随着工作的变化随时调整自己的心态。对于一个企业的销售人员而言，必须学会正确把握自己的心态，及时调整，多去学习，心态问题解决了，很多问题便迎刃而解，这样才可以将自己的本职工作做好，一切才会步入正轨。

　　作为销售人员在销售的过程中应该拥有什么样的心态呢？我们一起来看看推销大师乔·吉拉德在销售过程中关于心态问题的小故事。

　　年轻时，乔·吉拉德的工作并不如意，换过许多工作，一事无成。因为口吃非常严重，他一度失去自信，加上他的建筑生意失败，身负巨额债务，几乎走投无路。为了改变困窘的状态，他开始重新审视自己。当发现自己对未来还有信心，还有足够的勇气去面对挑战时，他去了底特律一家很大的汽车经销商店，希望得到一份销售工作。

汽车店的经理开始很不愿意，他对吉拉德没有信心，因此故意刁难吉拉德说："你从来没有销售过汽车，没有这方面的经验，而我们需要的是一名经验丰富的汽车销售业务员。况且，此时正是汽车销售的淡季，如果我雇用你，你卖不出去汽车，却要领一份薪水，公司是不会同意的。"

经理本以为吉拉德会就此作罢，没想到吉拉德说："哈雷先生，如果您不雇用我，您将犯下一生中最大的错误。我不需要带有暖气的房间，我只需要一张桌子和一部电话，两个月内我将打破你最佳销售业务员的纪录。"这位经理想了想，反正也不浪费什么，就答应了吉拉德，因为经理觉得两个月之后吉拉德还是得走人。

吉拉德从此开始了一段新的人生。两个月后，他以每天销售6辆汽车的纪录超过汽车销售业务员每星期卖出6辆汽车的平均纪录，这让当时看不起吉拉德的经理大吃一惊。

随后通过自己的努力，吉拉德终于战胜自己，从失败的阴影中走了出来。他被收录入《吉尼斯世界纪录大全》，成为世界上最伟大的销售员。

乔·吉拉德的成功之路并不平坦，可是他做到了。吉拉德的故事，值得我们每个人思考，吉拉德成功的第一步，就是保持了好心态，他非常相信自己，即便没有做过汽车销售，以往的销售经验也给了他自信，敢于突破自己，敢于尝试。

即便他在此之前的工作都不尽如人意，他也没有自暴自弃，反而一直在寻找机会，努力调整自己的心态。吉拉德的成功，足见保持好心态对销售人员的重要性。

对于销售人员而言，除了拥有自信心以外，还有哪些重要的心态呢？

06　自我总结，销售人员的必备素养

切勿患得患失

正所谓"一无所有者也就一无所惧，而且没有什么值得患得患失的"，在生活中，很多人乐于给自己制定各种各样的计划，但总会有很多事情打乱我们的计划，有些人就会因此而苦恼。其实我们应该欣然接受这些变数，毕竟计划没有变化快，很多变化不是我们能控制的，结果也非我们能左右的，所以没必要患得患失。

作为销售人员，患得患失是一大禁忌。不管曾经的业绩有多好，不管有过多少失败的经历，都没必要为了谈业务而谈业务，更不用太在意结果。因为即便谈失败了，也可以在失败中吸取经验教训，所以不要还没有谈就想着结果怎么样。

说得直白一点就是"做人不能太功利化"，销售人员在谈业务的过程中，表现是十分重要的，与其忧心忡忡或迫不及待地想着结果，还不如把自己变得更好，提升自己的专业素质，把结果交给时间，一切顺其自然。

学会宽容，从顾客角度思考问题

在生活中，我们每个人都应该学会从别人的角度来思考问题，同样一件事情，不同的人会有不同的想法，销售人员在进行销售的时候，也要学会从顾客思考问题和解决问题的角度，来感受顾客面对的问题，同时要学会采取合理的解决问题的方法。

销售人员在销售的过程中，面对顾客要学会换位思考：顾客的生活状态如何，顾客为什么购买你的产品，购买你的产品对顾客的生活会产生什么影响，等等。通过多角度的观察来提高这种换位思考的能力。学会站在客户立场考虑问题，就能分析出客户的心理，知己知彼，方能百战百胜。

敢说敢做，心动不如行动

想要做成一件事，如果仅仅停留在"想"的层面，是永远不能实现的。对于一个销售人员而言，如果只是一味空想，根本就无法争取到客户，更谈不上好的业绩，终将一事无成。

很多时候，业绩好的员工和业绩差的员工，就是因为两个人在行动方面的差异，造成了最终业绩的差异。对于销售人员而言，行动是最有说服力的。不管嘴上说得多好，如果没有实际行动，就不会有理想的结果。

销售人员需要用行动去调查和了解客户，也需要用实际行动去落实向顾客的承诺，这也是一个拥有良好心态的销售人员的必备素质。

销售人员禁忌和补救措施

销售人员作为企业战斗在一线的员工，在整个销售过程中起着举足轻重的作用，所以销售人员一定要有很强的执行和应变能力。销售人员在销售的过程中，总会遇到各种各样的客户，面对不同的客户，对销售人员而言，都是一种挑战。

既然是挑战，难免就会有人过不了关，会因为客户的某些特殊要求而做出一些情绪化的事，有损公司和品牌的利益或声誉。那么在销售的过程中有哪些禁忌和补救措施呢？主要有以下几个方面。

说话的时候千万不要吹嘘

某些销售人员在销售过程中，自觉或不自觉地总是会夸大产品或服务的功效，甚至把自己推销的产品捧上了天，对顾客的真实需求置若罔闻，只会一直强调自己的产品比其他企业的产品更好，不是成本更低，就是效率更高。即便那些销售人员所说的确有其事，不是无根据的吹嘘，这种推销方式也不免给人"王婆卖瓜，自卖自夸"的感觉，会引起顾客的反感。

网络信息时代，顾客在接受推销之前，对企业的产品或多或少会有所了解，顾客也一定会提前把其他企业的产品和销售人员所在企业的产品做一些对比和分析，所以不同产品之间明显的优缺点，顾客已经有了大致的了解，这个时候如果销售人员还在不停吹嘘的话，只会让顾客对企业反感，觉得这样的销售很不专业，是在浪费时间。

一个销售人员，不仅仅只是推销产品那么简单，更重要的是要让顾客了解、认识并对本企业产生信任和依赖感。把自己的产品吹得天花乱坠，即便顾客相信并购买了产品，但假如体验感和销售人员所说有很大差别，顾客就会感觉自己被欺骗，不仅会失去顾客的信任，还会让企业的名誉受损。所以销售人员在销售的过程中可以把产品的优点放大一点，但切忌吹嘘。

不要对顾客不耐烦甚至呵斥顾客

有些销售人员在给顾客推销产品时总是会表现出不耐烦的情绪，顾客对产品的性能、质量、服务等方面还存在疑惑，会向销售人员咨询，本来这些都是很正常的事，可偏偏会有一些销售人员会很不耐烦地说："我刚刚不是已经讲过了吗？买我们的产品绝对没错，你还不相信我吗？"这样的说法，顾客心里肯定会不舒服，他们只是没听明白销售人员讲的内容，想再确认一下，结果销售人员却表现出不想再给顾客讲解的样子。

顾客提问题，说明他们对产品感兴趣，而且在销售人员推销的时候认真听，思路在跟着销售人员往下走，很可能对产品兴趣很大，但是听销售人员这么不耐烦地一说，多数人会心生反感。顾客可能会想，还没买产品呢，销售人员就这么不耐烦，买了之后，那售后服务肯定更差，于是顾客就极有可能放弃购买的打算。因为销售人员的情绪问题，导致到嘴的鸭子飞了，可见这个举动多么不明智，这也是销售中的大忌！

如果销售人员自己说了大半天，顾客仍然无动于衷，一句话也不说，有可能是顾客不想购买产品，顾客再要求讲述一遍的话，销售人员应该耐心地给顾客去讲解，语速放慢一点，面带笑容，就算顾客第二次依然没有听明白，顾客看到销售人员的态度还是会考虑买的。

06　自我总结，销售人员的必备素养

我们来看一个典型案例。

王小萌是一家电脑专卖店的销售人员，有一天店里来了一个四五十岁的顾客，打算买电脑。王小萌发现店里来顾客了，还没问顾客有什么需求，就赶紧去介绍了一款电脑，包括电脑的性能、配置等。

王小萌说完之后，这位顾客说："我听我儿子说这个型号的电脑用起来特别容易发热。"王小萌一脸惊疑地说："怎么可能？这款电脑怎么会出现这种问题？要是容易发热的话，您拿到店里换不就可以了吗？再说了电脑用的时间长了都会发热，这是很正常的。"顾客说："谢谢你，不过我还是想看另外一个型号的电脑。"王小萌说："您看您还是不相信我，我会骗您吗？我们这可是实体店，怎么会欺骗顾客呢？"顾客说："还是算了，我不打算买这个型号的电脑。"王小萌竟然火冒三丈地说："你到底懂不懂电脑？我都说了给你推荐的是最适合你的，你还不要，第一次遇到这样听不进去话的人！"顾客说："你还发脾气，我自己买什么我不知道吗？我就不想买了，不行吗？"王小萌说："那你以后有本事就别买我给你推荐的这个型号的电脑，我们店不欢迎你！"顾客生气地摔门而走，王小萌自己也气坏了！

这个案例就是典型的销售人员在销售的时候不仅没有提前询问顾客的需要，更严重的是竟然一直呵斥顾客，这可是销售中的一大禁忌！这次对一个顾客发脾气了，顾客可能就会给其他潜在顾客说这个店销售人员素质不行，无形之间就失去了很多顾客。

"顾客是上帝"，这句话不是没有道理的。顾客是企业的衣食父母，企业所做的一切，最终都是希望更多的顾客来购买自己的产品，只有顾客购买了，员工和企业才会获利，才能生存。

所以，在日常销售过程中，销售人员一定要对顾客言语平和一些，推销时尽量简洁、直白，怀着一颗真诚、感恩的心态来对待顾客，不要觉得顾客什么都不懂，自以为是地向顾客介绍你认为最适合

顾客的产品，像案例中的王萌，就带着典型的傲慢与偏见来对待顾客，最终结果自然是无法卖出产品，还带来了比较恶劣的影响。

作为销售人员，要时刻谨记一点，那就是首先要明确顾客到底需要什么，而后，在语言上尽可能地和顾客的想法保持一致，这样会显得买卖双方很有"默契"，顾客很可能就会考虑购买你的产品。

不要语言生硬、死板

销售人员在销售的过程中，一定要表现出应有的热情，这样才会让顾客感到销售人员对自己的欢迎和重视，让顾客从内心真正地想去了解产品。

我们来看一个案例。

刘星开了一家服装专卖店，与同行相比，刘星家的衣服款式比其他店里的衣服新颖，价格也比其他店里的价格实惠，可是别人店里的生意却比他店里的生意好，这让刘星感到非常苦恼，直到有一天刘星的好朋友目睹了刘星的整个销售过程之后跟刘星进行了描述，刘星才知道了自己店里生意为什么比别人差了那么多。

那天，刘星和好朋友都在店里玩游戏，来了一个顾客，好朋友提醒刘星店里来顾客了，可刘星依然沉溺于游戏之中，头都没抬一下。这时顾客问："你们家衣服还挺时尚的，这件卡其色的风衣我可以试一下吗？"刘星面无表情地说："最后一件，不讲价，500元！"顾客说："那我可以先试一下吗？"刘星说："试不了！"然后继续玩游戏。此时顾客迟疑了一下说："那可不可以少50元，我就不试了，直接拿走这件衣服？"刘星说："大姐，我都说过不讲价的！"顾客故意说："既然这样我就去别家看了！"刘星说："哦，去吧。"就这样到口的肉飞了！

看在眼里，好朋友对刘星说："你这样做生意可不行啊。第一是在顾客来的时候你语气生硬，毫无感情，顾客根本感受不到你的热情，

06　自我总结，销售人员的必备素养

你还忙着玩游戏！第二就是你太死板了，一件衣服进价200元，顾客要450元买走，你竟然不愿意！可以赚250元的差价总比你不赚钱好！再说了别人家同样衣服定价基本都是600元，顾客要是讲价完全可以讲到450元。在你店里顾客想要少50元都不行，在别人店里人家可以一下少150元，顾客买了之后不仅觉得自己赚了，还会觉得人家服务态度好，自然而然就变成了别家的回头客！"听了好朋友这么一说，刘星恍然大悟。

所以顾客来店里购物的时候，销售人员一定要保持热情，至于价格方面，能卖就卖，少赚总比压货强！

不要追问顾客的隐私

有些销售人员在和顾客进行接触时，不是不去了解顾客，相反是太过热情和没有界限感，一直追问顾客的隐私问题，比如顾客年龄、婚姻状况、存款多少，甚至还问顾客有没有孩子，孩子多大，上学还是工作等。这些都是销售过程中的禁忌，身为销售人员，千万不要一直追着顾客的隐私刨根问底，那样很容易引起顾客反感。

销售人员与顾客的关系

在现实交际的过程中，处理好与别人的关系十分重要，可是很多人在这方面做得并不尽如人意。凡是能够游刃有余处理人际关系的人，一定有着异于常人的突出表现和不俗成就。

所谓关系，就是指人与人之间、人与事物之间或事物与事物之间的相互联系。我们每个人从呱呱坠地起就一直身处各种关系中。对于"关系"这个词，在市场营销中，也有自己的解释。

市场营销中的关系，是指精明的市场营销者为了促使交易成功而与其顾客、分销商、经销商、供应商等建立起长期互利互信的合作状态。它促使市场营销者以公平的价格、优质的产品、良好的服务与对方进行交易，同时，双方之间还会加强经济、技术及社会等各方面的联系与交易。

关系可分为正式关系和非正式关系，非正式关系较正式关系更为传统和普遍。现代管理理论的奠基人巴纳德指出，即使在正式的组织中，个体仍然是社会人。自20世纪30年代以来，在包括政治学、社会学、经济学及管理学等众多学科中，关系的非正式性受到了越来越多的重视，而且关系的内涵在中西方也是不同的。

前面我们已经描述过何为"市场营销关系"，这只是从概念上进行描述。而在实际交流与应用中，关于营销方面的"关系"，并没有那么确定。为什么这么说呢？因为企业的销售人员可以和顾客建立多种关系，通过各种关系把自己的产品销售给顾客。

06　自我总结，销售人员的必备素养

一个销售人员如果想提高自己的销售业绩，就要和自己的客户搞好关系，因为处理好了与客户之间的关系，接下来的推销就更加容易进行。与客户处好关系，让客户对销售人员有好感，这样一来顾客也就会开始相信销售人员，这对于销售产品是非常重要也是非常有利的。

那么销售人员和与顾客之间到底存在什么关系呢？

营销关系

在营销关系中，只有两种人，一种是消费者，一种是销售人员本身。销售人员的目标很明确，就是把自己的产品销售出去，然后给企业和个人创造利润。在这个过程中，尽管销售人员的各方面素养都不错，但往往可能因为自己的"不近人情"，导致失去很多潜在客户。很多销售人员在销售的过程中觉得顾客只是顾客，他们虽然会信奉"顾客就是上帝"的原则，但他们不会巧妙地将自己与顾客的关系进一步发展。

客户是需要进行诚挚的心灵沟通的。所以一般情况下，销售人员通过这种关系也许有可能将自己的产品推销出去，但顾客的回购率往往会特别低。

友情关系

收获友情，对于我们每个人而言都是幸福的，如果能够遇到一个和自己做一辈子好朋友的人，那真的很幸运。智慧的销售人员在进行销售的过程中，不仅仅把顾客当作一个可能会购买自己产品的人，更重要的是会把顾客当作自己的朋友。

这样一来，双方对彼此都会有依赖感。不过友情要建立在销售人员的真诚等良好品质的基础上，一个说话不靠谱的销售人员，顾客也不敢和这样的人做朋友。销售人员要了解顾客内心的想法，销售人员

能够和顾客达成友谊关系，是非常难得的！

其实，不管和顾客是哪种关系，销售人员都应该做到以下几点。

学会赞美客户

在生活中，不管是我们的朋友还是恋人，都喜欢听到赞美。所以销售人员在和顾客接触的时候，要学会适当地赞美。首先要找到顾客身上值得赞美的地方，否则很容易弄巧成拙；其次不要让顾客觉得你是有企图地在奉承，这样一来顾客反而会觉得你这个人很虚伪，所以要充满真诚地赞美顾客。

恰如其分的赞美会让顾客如沐春风，这是成功销售的开始。

学会宽容顾客

在销售的过程中，总会遇到各种各样的顾客，有的顾客甚至十分刁钻，这时销售人员就要有一定的耐心和顾客进行交谈。毕竟人无完人，有些人的防备心很重，所以要慢慢走进他们的内心，而不是在顾客开启防御模式的时候自己也跟着发火。

适当的宽容，真的可以给自己创造更多的机会。

寻找到双方的共同感情相交点

这点十分重要，因为销售人员在和顾客交谈的过程中，双方就已经产生了关系，而这个关系中必定有一个契合点，否则两个人不可能在一起交谈。

所以，销售人员在和顾客进行沟通的时候，一定要迅速而准确地找到这个共同的感情相交点，这样可以有效地促进两个人之间的感情交流，有利于销售活动顺利地进行。

销售人员要"会"说话

俗话说：话有三说，巧说为妙。卡耐基曾说：一个人的成功是人际关系的成功，人际关系的成功是沟通的成功。

不管在哪个时代，不管身处哪个职位，凡是会说话的人，总是能够在各种场合游刃有余。会说话对于任何一名销售人员而言都十分重要，良好的口才、良好的沟通能力，是一名优秀的销售人员的必备素质。

在销售的过程中，销售人员应该学会在生意场上运用自己的口才去和顾客进行交流。在不同的场合，面对不同的人，都要及时地调整自己的语言。销售人员在与顾客进行交流的过程中，应该仔细观察顾客的一言一行，并且要学会根据不同顾客的行为及时做出反应。

生活中我们可以看到很多会说话的销售人员，但是并不是每一位会说话的销售人员都是天生的。语言能力不是天生的，而是在生活中锻炼、培养出来的。会说话在销售过程中尤为重要。

那么作为一名销售人员应该如何学会"说话"呢？

说话时一定要注意分寸

会说话确实不简单，有时正是因为自己的一句话，就可能让别人对自己做出判断，所以有时说话要做到"点到为止"。有一些销售人员在和客户交谈时，说到高兴处就忘乎所以、口无遮拦。这不但不礼貌，还非常有损自己的专业形象。所以要切记，在交谈中，有些敏感的雷区是要小心避开的。

把握好说话的分寸，应注意以下几个方面：不可与客户谈论容易引起争执的话题，以免产生冲突；说话时避免引用低级趣味的例子，以免令客户感到尴尬，或觉得你没风度；不可在客户面前谈论他人的缺陷和隐私，这样会让客户对你失去信任，担心你会到其他地方散布他的隐私；当客户谈兴正浓时，要倾心聆听，不与客户抢话头；对于你不知道的事情，避免硬充内行，以免说错了贻笑大方，给客户留下不好的印象等。

总之，说话的时候一定要用准确、得体、生动的语言表达自己的想法。

要学会见不同的人说不同的话

在销售的过程中，销售人员一定要懂得在不同的场合，在不同的人面前说不同的话，只有做到随机应变，才能游刃有余。销售人员在销售的时候，总会遇到各种各样的情况，一定要学会在不同的场合自如切换。说句不好听的就是要学会"见人说人话，见鬼说鬼话。"下面这个销售人员就很好地体现了这一点。

一个推销员当着一大群客户推销一种钢化玻璃杯，在对商品进行说明之后，他开始做商品示范来证明这种钢化玻璃杯质量很好，即使摔在地上也不会碎！但很不凑巧，他拿了一个质量不过关的杯子，往地上猛地一摔，只听"啪"的一声，玻璃杯摔碎了。客户们都目瞪口呆，而他也感到十分意外。客户们原本相信了他的话，只不过想亲眼见证一下而已，结果却出现了如此尴尬的局面。

如果推销员不知所措，让这种沉默继续下去，不出3秒，客户们准会拂袖而去！但是，推销员只是愣了一下，并没有惊慌，而是对客户们笑了笑，然后很幽默地说："你们看，像这样的普通的玻璃杯子我们是不会卖给大家的！"说完，他一连拿起5个杯子往地上摔去，都成功了，从而博得了众人的认可，很快就推销出去几十个杯子。

06 自我总结，销售人员的必备素养

这就是一个成功推销的过程，显然这个销售人员很会说话，在如此紧急的情况下，还能把即将流失的顾客"拉回来"，可见在不同的场合说不同的话的重要性。

要耐心地和顾客交谈

耐心是人与人相处的润滑剂，人的一生中会遇到各种各样的人，而耐心则筑起了人与人沟通的桥梁。它是一股沁人心脾的清泉，滋润着每个人的心田。

在生活中，不管我们做什么事情，都要有十足的耐心。与顾客沟通交流同样离不开"耐心"。耐心地沟通，能化解彼此之间的陌生感，能拉近陌生人之间的情感，促使彼此之间友谊的递进。与他人交流是打开对方心门的一种重要方式，让一个人敞开心扉不是轻而易举的事，这需要很大的耐心。

有了耐心才能静下心来倾听，才能听出对方话语里深藏的含义，才能有效打开对方的心门，为下一步的成功交流打好基础。如果操之过急，只能对对方有表面的认识，而无法与对方进行内心深处的交流。这样的交流必然失败。

乔·吉拉德在15年的时间内卖出了13001辆汽车，并创下了一年卖出1425辆，平均每天4辆的纪录，被誉为"世界上最伟大的推销员"。

有一次，一位中年妇女走进吉拉德的展销厅，说她想在这儿看看车打发一会儿时间。吉拉德耐心地听着，在闲谈中，她告诉吉拉德自己想买一辆白色的福特车，而福特店就在对门，但对面福特车行的营销人员让她过一个小时后再去，所以她就来这儿看看。她还说这是她送给自己的生日礼物。吉拉德马上真诚地说："生日快乐，夫人！"

吉拉德请这位妇女进来随便看看，接着出去交代了一下，然后吉

拉德回来对她说："夫人，您喜欢白色车，既然您现在有时间，我给您介绍一下我们的双门式轿车吧，也是白色的。"正交谈的时候，女秘书走了进来，递给吉拉德一束玫瑰花。吉拉德把花送给那位妇女："祝您生日快乐！尊敬的夫人！"

显然，这位夫人很受感动，眼眶都湿润了。"已经很久没人给我送礼物了。"她说，"刚才那位福特的销售员一定是看我开了部日系车，以为我买不起新车，我刚要看车他却说要去收一笔款，于是我就上这儿来等他。其实我只是想要一辆白色的车而已，只不过表姐的车是福特，所以我也想买福特。现在想想，不买福特也一样。"最后这位夫人在吉拉德的店里买了一辆白色雪佛兰，并开了一张全额支票。

在交谈过程中，吉拉德从头到尾都没有迫切地给这位夫人推销自己店里的车，更没有劝这位夫人放弃福特而买雪佛兰。只是耐心地听着这位夫人讲话，耐心地和这位夫人交谈。这位夫人在吉拉德这里感受到了重视，也就放弃了原来的打算，转而选择了吉拉德出售的车。由此可见，在销售的过程中，耐心地和顾客进行交谈是多么重要。

优秀的销售人员总是能够懂得如何和客户进行最有效的谈话，说话是一门艺术，希望每个人都能学会说话！

打造优秀的销售团队

销售团队是整个营销活动中与顾客进行直接交流最多、最频繁也是最前沿的群体。销售团队的销售工作成功与否，直接关系着企业的命运。

一个企业，要想在最终的销售中取得好成绩，就必须有一个优秀的销售团队。团队的精髓是沟通、分工、合作、共同进步，以形成一个目标明确、战斗力强悍的团队。那么如何才能培养出一个优秀的销售团队呢？我们先来看一下星巴克在团队建设方面是怎么做的。

星巴克成立于1971年，是全球最大的咖啡连锁店，其总部坐落于美国华盛顿州西雅图市。星巴克在打造优秀团队方面有很多独到的经验。

在星巴克，所有员工都以"伙伴"相称，而店长80%的工作时间用来和伙伴们沟通，以组织门店日常运营。除了管理者，星巴克还不断提升普通员工的沟通能力，对新员工进行培训，内容除了公司文化之外，还倡导人际关系训练。同时，星巴克为员工提供一种感谢卡，在收到帮助和支持时，员工可以通过发送这种小卡片来表达谢意。很多员工会把这些卡片贴在办公室桌上，这既是一种鼓励，也是一种骄傲。看似小巧的沟通工具，为一些羞于言语表达的员工提供了表达自我的沟通媒介。

在团队管理方面，星巴克倡导职位平等。领导不会高高在上，而是会将自己视为普通一员。管理者不享受任何特权，也会去做普通员工的工作。而且，团队分工明确。每个人都有自己明确的工作内容，每个员工在工作上都有明确的分工。但在入职之前，每个人会进行所有工作内容的培训和训练。

这是一种强度高，但又非常有针对性的训练。因为每个人不仅有能力做自己手头的工作，也可以做其他人的工作，虽然日常工作中各司其职，但遇到特殊情况，员工之间各自补位也驾轻就熟，所以星巴克表面上虽然有明确的分工，大家平时似乎各忙各的，但其实是非常提倡团队合作的。公司设计了各种各样有趣的小礼品，以奖励员工之间的主动合作行为，让每个人都能体会到合作是公司文化的核心。

我们还可以做哪些工作来打造一支优秀的销售团队呢？

团队成员的筛选

优秀的团队，是由优秀的个体组成的。组织一支销售队伍之前，就要先寻找构成这支队伍的个体。一般情况下，可以从以下几个方面去寻找合适的销售人员。

第一，企业内部筛选。

一个企业会有不同的职能部门，内部可能卧虎藏龙，却因领导安排有误，本来某个人具有极强的销售能力，而领导却把其安排在了其他部门如财务部，这样无疑是一种人力资源的浪费。所以销售部门的管理者要善于在企业内部寻找有潜质的好苗子。

第二，从亲戚朋友中筛选。

这种做法虽然会有任人唯亲的嫌疑，但作为销售团队管理者，也不能过分拘泥于他人的评价就不予考虑。如果亲友中真的有适合做销售的人，不妨招致麾下，一试身手。毕竟这样的人在团队中知根知底，工作起来还是比较放心的。

第三，从有合作关系的客户中筛选。

从过去有合作关系的客户中寻找有能力的销售人员，这是一个很好的出发点。他们既然是以前的客户，对于产品的体验就会很有发言权，并且他们对于竞争对手的产品会有所了解，这种优势是其他人不具备的。

第四，从人才市场招聘。

这是最普遍的做法，也是一个大浪淘沙的过程。企业根据自身的发展需要和岗位要求，发布招聘信息，等待社会人才应征。新招聘的员工总会经历一个熟悉的过程，所以需要企业经过长期的培养、锻炼才能激发其潜能。

团队培训

市场是磨炼并检验团队的试金石。公司在筛选完团队成员之后，就要对团队成员进行系统的训练。训练的内容一般包括企业文化、专业知识、销售技能、公司战略、市场运作等多个方面，这是在培养一支优秀的队伍之前必须要经历的过程，如果不进行团队培训，销售人员根本无法掌握最基本的信息形成合力。

进行培训只是完成了一个开端而已，后期在市场上的"各显神通"才是最重要的。

优秀的管理者

在前面的章节中，我们也讲述过关于优秀的管理人员的重要性。作为一名管理者，首先要做到"在其位，谋其职，负其责，享其利"。优秀的管理者不仅是团队的领头羊，同时要为企业未来的发展给出自己的见解。管理者不仅要能激发别人跟自己一起工作的热情，还要为员工创造平等发挥自身能力的舞台。

一个优秀的销售团队管理者，应具备较高的专业能力、管理能力、沟通能力、培养下属的能力、学习能力等。

制定合理的规章制度

首先要让员工清楚地知道企业的短期和长期目标，只有这样，员工的奋斗方向才会更加明确，也更有拼搏的动力。

其次要有奖罚制度，小到迟到早退，大到超额完成销售业绩，这些都需要提前定好制度，如此一来才能保证企业稳定发展。

最后要多听取销售人员的想法和意见，毕竟他们处于整个营销环节的一线，很多时候能够看到企业其他部门看不到的市场状况。

商场如战场，要想企业能够打赢这场战争，就必须建立一支优秀的销售团队！

07

良性渠道，
助力成员关系和谐

在全球化和网络化时代，一味强调自身的利益是非常不明智的，企业之间必须加强合作，实现共赢。

合作共赢是时代的选择，很多事情的成功都取决于合作。合作共赢表面上是"1+1=2"，但很可能取得大于2的成果。

渠道激励的必要性

激励是指通过刺激和满足人们的需要或动机，激发和引导人们朝着所期望的目标采取行动的过程。而渠道激励就是制造商通过持续的激励举措，来刺激中间渠道成员，以激发分销商的销售热情，提高分销效率的企业行为。

我们来看一下百事可乐渠道激励的案例。

当年百事可乐在刚进入四川市场时面临一系列的问题，比如没有渠道成员，比如强大的竞争对手如健力宝、雪碧、可口可乐。尽管如此，百事可乐也并没有因此退缩，而是建立起了适合自己企业发展的激励政策。

在经销商选择方面，百事可乐选择的经销商都是当地对饮料快消行业精熟的经销商。面对新产品进入市场，经销商们也都愿意和百事可乐合作，这样双方就形成了可靠的合作关系。寻找到合适的经销商之后，下一步就是启动市场。为此百事可乐采用精心制定的折扣政策，积极鼓励各级、各类经销商全面追求销量最大化，使得产品销量大增。事实证明，百事可乐在前期的激励政策，顺利地将企业的产品迅速打入市场并站稳了脚跟。

当百事可乐迅速打入四川市场之后，它一跃而起成为四川碳酸饮料市场的龙头老大。这个时候的百事可乐没有再将工作重心放在销量上，而是开始对渠道成员进行优化。百事可乐已经成为同行业的佼佼者，经销商们肯定也都愿意再和百事可乐合作下去，而百事可乐的做法就是留住有影响力的经销商，此时百事可乐改用现金回扣政策，让经销商真正获利，通过对经销商的激励，继续提高自身的竞争力。

百事可乐的渠道激励不仅体现在给经销商现金奖励和对经销商进行培训上，还体现为适时调整政策让经销商们可以获利，更从容地面对市场。

不得不说百事可乐的渠道激励政策很有效，也正是因为百事可乐的渠道激励政策才使得百事可乐与经销商之间合作共赢。

渠道激励的意义

渠道激励对于渠道成员（制造商、批发商、零售商、消费者）都有很大的帮助，主要表现为以下几点。

第一，增加企业产品的销量。

顾名思义，一系列的激励手段可以使得渠道商的创造性和积极性得到激发，会更加努力去卖货，这样既有利于生产厂家的销量提升，更能使自己取得更多收益。

第二，中间商成为企业和顾客之间重要的媒介。

中间商在企业和消费者之间发挥着重要的作用。企业通过中间商把产品出售给消费者，如果中间商出了什么问题，企业利益也会直接受损。所以企业必须对中间商进行激励，只有保证了中间商的利益，他们才会和企业合作得更长久，两者之间才会更加依赖，也更有利于企业的发展。

总之，渠道激励的最终目的，就是要帮助企业建立一个长期导向、双向互动、信息沟通、稳定灵活、共同发展的伙伴型分销渠道关系。

在此，和大家分享一下特奇营销集团的一次成功案例。

记得是2016年10月，河南的一家面积2700平方米的品牌专卖

07　良性渠道，助力成员关系和谐

店，从两年前的月销售额 200 万元下降到月销售额 120 万元左右。人员流失也比较严重。多次和市场上第三方公司合作，但每次销售提升仅为 15 天销售额 80 万元左右，而且广告花费巨大。老板有想法、有冲劲，多次与第三方公司合作，但现实一次次的打击，老板只得选择接受。

后来老板找到了我们，与我方达成合作，而后销售状况有了颠覆性的改观。

先来看一下我们的指导策略。第一，把复杂的事情简单化，认定一切工作都是为销售服务。团结上下，合力奋进。第二，建立颠覆不可能的信念，需要一场伟大的胜利。第三，始终坚持零广告投入，坚定、精准地把握顾客。第四，抢时间，进行目标管理，更要进行时间管理和过程管理。

在进入市场后，战前鼓舞军心不是问题，然而难就难在突破口，需要客户，需要成交率，需要客单值。随后我们发现，该品牌不定期地会进行品牌工厂团购。这样的方式签单率高，客单值大。如果能再解决一下客户群问题，就能够来一场颠覆式的营销。于是，就从这个关键点入手。我方把工作重点放在了协助销售员把握精准客户上。最终，短短 7 天时间，客户数量增加了 5 倍有余，而就在我们进场一周后的工厂团购中，该店工厂团购的业绩突破百万元，实现了三年来的最高纪录。最终，店面以半个月突破 300 万元的骄人成绩圆满收官。

总结来说，营销要成功，不在于你花了多大代价，而在于你对市场有效把控。巧妙的渠道激励，就能带来超乎想象的喜人成果。

如何进行渠道激励

第一，中间商返利。

过程返利是一种直接销售过程中的激励方式，目的是通过考察市场运作的规范性以确保市场的健康培育。过程返利不仅可以提高经销商出售产品的利润，还可以增强其赢利能力，让经销商对企业的依赖性加强。同时，能够防止经销商的一些不规范操作，维持市场秩序，保障企业正常经营。

销量返利。销量返利是为直接刺激渠道成员的进货力度而设立的一种奖励，目的在于提高销售量和利润

第二，给予中间商价格（交易）折扣。

折扣是商品购销中的让利，发生在购销双方当事人之间，是卖方给买方的价格优惠。给予或者接受折扣都必须明示并如实入账，在入账方式上，要求给予折扣的应冲减营业收入，收受折扣的应冲减成本。

折扣大致可分为两种形式：一是支付价款时对价款总额按一定比例即时予以扣除；二是在买方已支付价款总额后卖方再按一定比例退还部分价款。这两种形式实质都是价格优惠，并无本质区别。

第三，资金支持。

中间商一般期望生产企业给予他们资金支持，这能促使他们积极推销产品。一般可采取售后付款或先付部分贷款，待产品出售后再全部付清的方式，借以缓解中间商的资金周转压力。

第四，开展促销活动。

企业开展促销活动，从一定程度上而言，可以加强对中间商广告和促销的支持，减少流通阻力，提高商品销量，促进销售，提高资金利用率，使之成为中间商的重要利润来源。

中间商在自己区域内进行促销时，企业应该给予中间商相应的支持，通过广告宣传、产品展览、操作表演等形式来拓展产品销售市场，帮助中间商搞好商品陈列等。有力的促销，既能提高产品品牌的知名度，又能帮助中间商赚取利润，激发其推广产品的热情。

07 良性渠道，助力成员关系和谐

第五，目标激励。

目标激励是一种最基本的激励形式。一般情况下，企业在对渠道成员进行管理的时候，都会给分销渠道成员制定（或协商制定）年度目标，包括销量目标、费用目标、市场占有率目标等，完成目标之后，分销商将会获得相应的利益、地位以及渠道权利。

有了目标，分销商也就有了动力。在目标制定方面，企业往往存在"失当"的问题，大多表现为目标过高，而过高或过低的渠道目标都不能达到有效激励的效果。因此企业需要在制定目标方面多下功夫研究。

巧选分销商

分销商是指在贸易中获得商品所有权的中间商。他们通过购买取得商品的所有权并转售出去来获利，但也要承担各种经营风险。分销商拥有价格的决定权。他们只对利润感兴趣，并不忠实于哪个生产厂商。

常见的分销方式有经销、批发和零售等。

分销商与制造商之间的关系，是买者和卖者的关系，分销商是完全独立的商人。与代理商不同，分销商的经营并不受分销企业和个人约束，可以为许多制造商分销产品。分销商用自有资金买进产品，并承担能否从销售中得到足够盈利的全部风险。分销商介于代理商和经销商之间。

选择一个好的分销商，对企业的发展十分有利。那么该如何选择分销商呢？分销商选择的原则、程序、标准、考虑的因素又是什么呢？接下来我们就看一下分销商的整个选择过程。

何谓分销商选择

所谓分销商选择，就是指当企业面对购买者多、分布面广的情况时，需要借助市场上专业的销售人员或者机构来进行分销。分销商选择是企业渠道建设的重要环节。

07 良性渠道，助力成员关系和谐

分销商选择的原则

第一，可控性。

企业在进行分销商选择的时候，一定要保证分销商的可控性。在复杂多变的销售市场中，企业要想和分销商建立长期合作关系，就需要在选择分销商的时候对该分销商的合作目标和意愿，与其他供应商的合作历史有所了解。可控性原则是企业和经销商稳定合作的前提。

第二，目标性。

在大的环境下，市场每时每刻都在发生变化，为了应对多变的市场，企业必须在不同时期对产品进行优化升级，这时企业肯定就会有不同的目标，有时为了快速占领某个细分或区域市场，企业会把其他原则暂时搁置，目的就是为了实现对这个市场的占领。所以当目标发生变化，分销商也要跟上企业的节奏。

第三，双"效"原则。

这里的双"效"指的是效率和效益，先说效率原则，企业选择分销商的直接目的就是为了让产品更快、更好地销售出去，如果选择一些没有效率的经销商，无疑就会消耗大量资源，增加成本，这样的经销商不值得合作；接着说效益问题，企业的生存就是为了获取效益，效率低，效益肯定也会差。所以一定要选择高效率，能带来高效益的经销商。

第四，"双赢"原则。

企业为什么会选择分销商，分销商又凭什么选择某个企业进行合作，说到底还是利益问题，因为利益让两者之间产生了联系，继而进行合作。如果一个企业只顾着自己赢利而忽略了经销商的利益，这样的企业是没有分销商愿意和他们合作的。只有当企业和分销商共同合作、一起盈利的时候，双方才会形成默契，都满意，所以说一定要有"双赢"意识。

确定渠道目标

企业的渠道目标，是指为了企业总体战略和销售战略的顺利实施，需要通过渠道管理活动，在一定时间内所要达成的确定性结果。

一般而言，确定渠道目标需要从三个方面进行：确定目标市场、确定可量化目标和确定不可量化目标。

第一，确定目标市场。

所谓目标市场，就是企业服务的目标人群，了解服务的目标人群，考虑怎样为这些目标人群提供优质的产品和服务。

第二，确定可量化目标。

确定企业通过渠道管理活动要达到的经济利益指标，如销售额、市场占有率、市场覆盖范围。

第三，确定不可量化目标。

不可量化目标主要包括目标顾客与渠道成员的满意度、渠道发展、渠道合作、渠道氛围等。

分销商选择的标准

第一，销售能力。

企业在进行分销商选择时，一般会优先考虑分销商的销售能力。一些常用的测量销售能力的方法包括对经销商的销售人员素质的考察，对经销商实际销售人员的数量的考察等。

对许多技术含量高的产品制造商来说，分销商销售人员的技术能力是一个重要的考察内容。

07 良性渠道，助力成员关系和谐

第二，分销商的实力。

一般情况下企业都会选择实力强、名声大的分销商，对于一些小分销商，可能企业会酌情予以考虑，但并非企业分销商选择的重点。面对实力强的分销商，企业会给出相关的激励政策来争取与他们合作。

第三，管理能力。

企业在选择分销商的时候也会特别注重分销商团队管理者各方面的素养，一个优秀的管理者，肯定也会带出来一支优秀的销售团队。如果管理者存在比较明显的问题，那未来的合作难免发生冲突。

第四，道德素养。

分销商在消费者面前的一举一动都会影响企业的发展，如果分销商不信守承诺，将给企业带来名誉损失。一般消费者只看产品的厂家，不管你是直销还是通过分销商销售，产品出了问题，消费者只会把账算在厂家头上。

所以，企业在选择分销商时，一定要选择口碑好的分销商，以避免不必要的纠纷。

企业之间加强合作，实现共赢

一个企业，需要有合作共赢的意识。企业想要做大做强，就必须加强与其他企业的合作，谋求共赢，这是企业获得利益的最快、最有效也是最长久的方法。

虽说在市场上少不了竞争，但要进行良性竞争，而不是争个鱼死网破。现在流行"共享"经济，一个企业要想走得更远，必须有资源共享的意思和气度。

让我们一起来看一下沃尔玛和宝洁从合作到分裂再到合作的经典案例。

沃尔玛第一家折扣店于1962年开张，全球最大的日化用品制造商宝洁被沃尔玛选为供应商，两个企业开始进行合作。

50多年的时间里，沃尔玛以惊人的速度快速发展，一跃成为世界第一大连锁超市品牌。

然而在沃尔玛发展的前期，其不断压低进货折扣，致力通过采购及人力成本的降低获利。从1970年至1980年，沃尔玛的规模增长了25倍之多。沃尔玛为了实现自己的低价策略，力图降低进货价，延长货款支付周期，甚至将宝洁产品放在不起眼的位置，试图通过这种方式让宝洁降价。

面对如此情形，宝洁声明要求沃尔玛将自己的产品放在显眼的位置，并要求提高销售价格。20世纪六七十年代，宝洁和沃尔玛都企图主导供应链，实现自身利益的最大化。就这样，沃尔玛与宝洁冲突不断。

07 良性渠道，助力成员关系和谐

最终，宝洁和沃尔玛的关系恶化，沃尔玛以清退下架来威胁宝洁，宝洁也以停止供货进行反击，然而宝洁和沃尔玛的做法为各自企业都带来了沉重打击。宝洁产品销量急剧下滑，而沃尔玛也丑闻频出。

通过这件事之后，双方都意识到了彼此的重要性。1987年，双方开始进行第二次合作。这次合作，两者都以双方的利益为重，制订了合理的计划。如此一来，沃尔玛的销售额从1987年初的160亿美元，提高到1993年的673.4亿美元。而作为供应商的宝洁，自然也获得了可观的利润。

这就是宝洁和沃尔玛合作共赢的战略，值得千千万万的企业去学习。

在全球化和网络化时代，一味强调自身的利益是非常不明智的，企业之间必须加强合作，实现共赢。

何谓合作共赢

所谓合作共赢，是指交易双方或共事的双方或多方在完成一项交易活动或共担一项任务的过程中互惠互利、相得益彰，能够实现双方或多方的共同收益，合作才能发展，合作才能共赢，合作才能提高。在这个竞争十分残酷、激烈的市场经济和互联网时代，合作共赢更是时代的选择，很多事情的成功都取决于合作。合作共赢表面上是"1+1=2"，但很可能取得大于2的成果。

企业之间的合作形式

具有代表性的企业间合作形式包括企业合作网络、战略联盟、供需链管理、企业集团等。

企业合作网络，是通过组织间的彼此协调来完成的，使自己有可能克服自身的局限，实现企业的经营目标。

战略联盟，是指两个乃至多个企业或经济组织之间，为了达到某种战略目的，通过某种契约或部分股权关系交换而形成的一种合作。

供需链管理，是指市场渠道各层之间的一个联结，是控制原材料通过各制造商和分销商直到最终用户的一种管理思想和技术。

企业集团，是指多个法人企业通过一定纽带相连接，并允许跨行业、跨部门、跨所有制、跨国所组成的大型经济联合组织。

企业合作的意义

第一，提高双方的利益。

企业之间进行合作，最直接的目的就是各自获取最大化的利益，合作就可以实现这一目的。合作各方可以利用合作的整体优势，互通有无，资源互补，优势共享，取得更多利益。

第二，创造和开拓新市场。

两个企业合作，必将会激发出彼此的创造力，这样一来企业间可以联手利用各自的优势，共同开拓市场。如果企业之间不合作，单靠自己的力量是无力对新领域进行开发和拓展的。

第三，加快产品开发，迅速将产品打入市场。

当今社会是一个竞争特别激烈的社会，市场变化迅速。一个市场机会出现，很快就会有许多企业来争夺。企业必须尽早开发出满足这一市场机会的产品，否则一步赶不上，步步赶不上，错过的将不仅仅是一个市场，很可能是整个时代。要加快产品开发的步伐，除了企业本身努力，非常重要的一点就是合作。

第四，费用共摊，风险共担。

要知道企业在研发、生产、销售产品的时候是需要消耗不少资源的。如果单方面承担费用的话，肯定会增加企业经营的风险，一旦决策失误或在经营过程中出现难以预测的情况，企业很可能遭受很大损失甚至一蹶不振。通过合作，企业可以将研究开发和经营的费用分摊给合作各方，同时经营的风险分散。

第五，资源最大化利用。

企业之间在进行合作交流的时候，应该形成互动，将资源与对方共享，让资源发挥其最大的使用价值。当然了，资源的合理利用也必须在合理的限度之内，切不可做出有损自己、有损合作企业利益的事情。

第六，企业间的合作也是面对竞争的一种选择。

挪威渔民发现如果将几条生性活泼的沙丁鱼放入一群懒惰的鲶鱼当中，好动的沙丁鱼在鲶鱼中乱窜，给鲶鱼带来一种危机感，它们会奋力游动，从而避免了由于窒息而亡，这便是有名的"鲶鱼效应"。企业间的合作，有时也会产生鲶鱼效应。引入能刺激企业活力的合作伙伴，在增加企业生机的同时，变相提升了竞争力。

企业之间相互合作，进行良性竞争，只有这样才可以实现共赢，双方才会发展得越来越好！

巧妙化解渠道冲突

所谓渠道冲突，就是指渠道成员的市场行为所触发的各种矛盾的总称。

其实不管是企业还是其他团体，在运行的过程中，或大或小、或多或少会产生冲突。冲突的产生也不是没有原因的，其实只要深刻了解这些冲突的原因，再对其进行分析，就能找出解决冲突的办法。

渠道冲突的主要原因

第一，职位不同，责任不同。

每个成员在销售渠道中扮演的角色都不一样，所以他们对同一件事的接受程度也不一样。同样一件事，不同职位的成员会有不同的立场和诉求，也担负着不同的责任，这样一来，如果看法产生分歧，自然而然就会引发冲突。

第二，思想差异。

世界上每个人都是一个独立的个体，每个人都有自己独特的思想，所以有可能形成观点上的差异，对于不同的事情每个人会产生不同的反应。

第三，期望差异。

期望差异涉及一个渠道成员对于其他成员行为的预期，比如同一件事，自己和其他人付出了相同的努力，但最终成绩没有别人好，这

07 良性渠道，助力成员关系和谐

样就容易产生矛盾。

第四，沟通问题。

一般情况下，之所以出现沟通问题，其实主要还是渠道成员之间对于信息的把握不准确造成的。

第五，价格原因。

不管是什么企业，也不管是在什么地区，各级分销商的批发价或多或少总有不同，所以我们经常可以听到一些批发商的抱怨。这样不仅会影响企业产品形象与定位，还有可能有损自己的利益。

第六，存货水平。

很多时候，企业和分销商为了确保自身的经济效益，都希望把存货水平控制在最低。然而存货水平过低，就会使得分销商无法及时向用户提供产品，继而引起销售损失，甚至导致顾客流失。

第七，大客户争夺。

其实不管是直销还是间接分销，企业自己也会接触一些大客户，然而分销商在这个过程中也需要有大客户来购买自己的产品，但是企业又想与最终用户建立直接购销关系，这样一来肯定会产生矛盾。

第八，资金方面的问题。

为了保证自身的利益，企业往往希望分销商先付款、再发货，而分销商则希望能先发货、后付款。如果双方都坚持自己的想法，合作关系就极有可能破裂。

第九，分销商经营竞争对手的产品。

企业非常不希望自己的分销商同时经营竞争对手的产品，因为这样会给自己带来很大的经济压力，然而分销商则希望可以扩大自己的经营范围，摆脱企业对自己的控制。

渠道冲突的主要表现形式

渠道冲突的类型可分为四种：水平渠道冲突、垂直渠道冲突、不同渠道间的冲突和同质冲突。

面对渠道冲突，应该如何解决呢？我们先来看一个经典案例。

创始于1837年的宝洁公司，是世界上最大的日用消费品公司之一。宝洁公司全球雇员近10万，在全球80多个国家设有工厂和分公司，所经营的300多个品牌的产品畅销160多个国家和地区，产品包括织物及家居护理、美发美容、婴儿及家庭护理、健康护理、食品饮料等。

宝洁公司属于快速消费品行业，在这种行业中，顾客购买产品的时候往往会表现出冲动性和习惯性，而且消费者购买选择的品牌忠诚度不高。想要解决这个问题，企业只能建立高效的多元营销渠道，才能把产品以最快速度转移到消费者手中，让消费者能够方便地购买。为了应对多渠道冲突，宝洁把多渠道的组织按照一定要求进行分类管理，这样一来就更有的放矢，容易激发他们各自的积极性。

在宝洁的渠道组织划分中，大店和小店的经营需要进行准确且互补的定位。宝洁在营销资源的分配上也采用了合理的配置，通过供货管理和拜访制度的差异管理成功地解决了多渠道冲突的问题。

面对渠道冲突，宝洁做了以下几点工作。

第一，坚持经销商必须专一经营。也就是说，经销商不能经营与宝洁公司存在竞争的品牌产品。

第二，选择具有一定规模、财务能力、商誉、销售额、仓储能力、运输能力和客户关系的经销商，可以避免因经营职能重复而造成的资源浪费，最大限度地降低渠道成本。

第三，与零售商直接对接，这样一来也就减少了很多不必要的冲突。

看了宝洁处理渠道冲突的做法后，对你有哪些启发呢？

07 良性渠道，助力成员关系和谐

渠道冲突的处理方法

第一，建立共同目标。

为渠道成员设立一个共同的发展目标，这个共同目标必须依靠渠道系统中的所有成员通力合作才能实现。这个共同目标的内容包括渠道生存、市场份额、高品质和客户满意等多个方面。

第二，制定合理的价格体系。

企业必须要及时建立起公开、透明的价格体系，这样一来经销商之间也就不存在相互猜忌的情况了。

第三，合理、有效地沟通。

不管是和谁相处，我们都应该培养自己的沟通能力，树立沟通的意识。遇到问题的时候，去和其他成员进行沟通，劝说可能还会起到意想不到的作用。从一定程度上讲，劝说就是为存在冲突的渠道成员提供沟通的机会。沟通的必要性在于使各渠道成员清楚地认识到自己所处的渠道系统的不同层级、需要扮演的渠道角色、需要遵守的游戏规则等。

第四，协商谈判。

谈判就是与对方进行协商、交涉，最后停止渠道成员间的冲突。谈判是渠道成员间讨价还价的一种常用方法。在谈判过程中，企业会有意识地让渠道成员放弃一些利益，当然企业本身在谈判过程中也会放弃一些利益，适当妥协，从而避免冲突发生，或避免已发生的冲突愈演愈烈。谈判的基础是各方要有解决问题的态度。

第五，法律手段。

有时候由于某些渠道成员不遵循游戏规则，尽管和其进行了沟通谈判，但没有任何效果，这时就只能通过外力来解决矛盾冲突了，一般可以进行法律仲裁，如果有一个第三方加入，主持双方的谈判，冲突往往更容易解决。仲裁是双方自愿进行的，因而最后达成的仲裁协议，双方一般都能自觉遵守。另外就是诉讼，诉讼要花费大量经费，并且可能会持续很长时间，但也是解决冲突最有力的方式。一般情况下，冲突双方都倾向于仲裁而不是诉讼，一方面是为了不泄露商业机密，另一方面也能减少支出，维护企业自身的形象。

第六，退出。

其实不管对于企业还是对于其他渠道成员，退出是一件非常残酷的事情。为什么这么说呢？因为自己好不容易积累了大量的资源，结果因为冲突而退出了，很大程度上损害了自身的利益。不过，事实上，退出某一营销渠道系统恰好是解决渠道冲突的普遍方法。当水平性冲突、垂直性冲突或者不同渠道间的冲突不可调和时，退出往往是一种可取的办法。当然了，在退出一个合作关系时，一定要考虑周全。

在此我想向大家分享一下特奇营销集团的一次成功案例。

记得江苏的某个面积为3万平方米的商场，建成后已经进入后期绿化和基建阶段，并同时展开招商工作，但招商工作进展缓慢。第一批进驻商家开始装修，商场管理方给出的商场整体开业时间为3个月，但改期后未能实现整体开业。后又过了3个月，还没有实现开业，然后再延期3个月，依然未能实现整体开业目标。招商工作后续无力。

时间过去9个月，商场出现多种窘境：第一，已装修好的商户等待开业；第二，迟迟不能整体开业，负面情绪严重，拒不交租及要求赔付情况突出；第三，正在装修的商户遭受波及，且商场管理出现问题，导致装修进度缓慢。

综上所述，情况十分危急。商场急切需要外部支持，最终定在当年11月必须实现开业。而之前先行装修好的商户无论开业与否，都可以先进行销售运营。

在此期间，该商场先后与国内三家大型营销公司接洽，三家第三

07 良性渠道，助力成员关系和谐

方公司均以商场不具备销售条件为由而拒接。迫在眉睫之际，特奇营销公司临危受命进场。

仅用40天时间，该商场销售能力全面得到改造：第一，由于商场与商户之间关系处于破裂边缘，必须修复此关系，为团结一心销售做好准备；第二，卖场装修受阻，无法交工，工作人员亲自与各品牌请的装修队伍进行沟通，进行24小时轮班装修，并协调商场调整监管和服务水平；第三，制作促销方案，提取并联合优势资源外推，尽最大可能让每个商户具备销售能力。

在明确三个问题和定好销售时间后，一次次会议和连续不断加班加点后，商场最终如期开业，开业期间销售额突破1000万元。

总结来说，这个案例已经远远超过了第三方服务机构的执行范围，商场与商户，商户与装修队伍，商场与装修队伍，还有一系列的其他复杂关系中，渠道成员之间发生冲突在所难免，如何巧妙化解，是需要智慧的。

渠道冲突不可避免，管理者在面临冲突的时候不要有紧张感，时刻保持清晰的头脑，防患于未然，冲突最终会化解的。

激励分销商提高积极性

在销售的过程中，总有一些企业忽略了和分销商之间的关系。虽然我们说企业和分销商之间要合作，要共赢，但很多时候确实很难做到共赢。为什么这么说呢？假如一个分销商做得非常出色，可能会要求企业给予更优惠的合作条件或更多的资源支持，或投向企业竞争对手的怀抱，抑或分销商的"名头"盖过企业品牌，这时都会损害企业自身的利益。企业是不会轻易和分销商终止合作的，所以企业需要想尽一切办法来提高分销商对于本企业产品的积极性和忠诚度。

我们都知道，企业吸引分销商的目的就是帮助宣传自己的产品，帮助企业更快地打入并占有市场。提高分销商的积极性如此重要，那么应该如何提高分销商的积极性呢？我们一起看下面这个案例。

某企业主营充电宝，可是充电宝的销量一直很低，这让企业管理者非常沮丧，这时企业面临的一大问题就是要提高分销商的积极性。

该企业打算做一个活动，让分销商吸引顾客，只要成功销售出10个充电宝，分销商就可以在自己原有获利的基础上，再获得自己销售总利润的10%。该活动的创新之处，在于当顾客购买充电宝的时候，可以选择让企业在产品上刻上自己的名字。当顾客收到刻有自己名字的充电宝后，肯定会觉得这个充电宝与众不同，一来会好好保存，二来朋友看到还会询问购买渠道。这样顾客就为企业免费打了广告。

此次活动的成本并不高，但是传播效果非常好，吸引了1000多个分销商，并且销售出去了以往三个月才能售出的产品。这样一来，

07 良性渠道，助力成员关系和谐

也就极大地提高了分销商的积极性，从而让企业的产品更加畅销，为企业带来更多利益。

该充电宝之所以能够畅销，主要还是因为企业懂得巧妙地提高分销商的积极性，比如适时的金钱奖励、特别的创意，从一定层面上提高了分销商的积极性。

提高分销商的积极性，企业可以从以下几个方面着手。

给分销商发放物质奖励

坦白地说，在销售的过程中，企业和分销商最关心的都是自己的利益，一方的利益多了必然带来另一方利益减少，所以这也是一场智慧的博弈。

企业如果想提高分销商的积极性，对其进行物质奖励是最直接地刺激，比如按季度来评选出区域销售明星，对表现好的分销商给予有诱惑力的物质奖励等，在众多分销商眼前摆一块肥肉，分销商自然会更加努力，和企业的合作也将更加默契。

另外，企业也可以每月或不定期地搞一些促销活动，给分销商一定的权利，让其给顾客一些优惠，然后企业给分销商进行相应的促销补偿，这些都是企业提高分销商积极性时可以尝试的方法。

给分销商进价优惠和满意的佣金

企业可以根据分销商进货量的多少进行奖励，制定分销商累计进货量的返利或者折扣，并且设置一个令双方都能接受的佣金标准来提升分销商的热情。

其实，返利的实质也是一种变相降价，分销商在企业拿货的价格更低了，利润也就更多了，自然就会想办法多卖这家企业的产品，以求多从该企业购进更多低价的产品。不过在这个过程中,企业发挥着主导作用,为了提高分销商的积极性来降低分销商的进货价固然是不错的手段,但这不代表企业要一味地降价,时间久了,损失的是企业的利润。所以企业还是要保持敏锐的观察力,制定合理的累计进货量折扣,适时进行调控,以免出现不可控因素。

听取分销商的建议

有些企业管理者总是会自觉不自觉地把自己视为领导,而把分销商视为自己的员工,这样的想法是极其错误的。

分销商和企业只是合作关系,两者的地位是平等的,双方合作是各取所需的,企业并非高人一等,所以当分销商向企业提出一些建议或者问题的时候,企业一方应当认真听取,并且认真对待,与分销商进行深入、有效地沟通,而不是趾高气扬、置若罔闻。我们也强调过沟通的重要性,在沟通的过程中,企业能够随时掌握分销商的需求,掌握市场的变化,这样会让分销商感到企业对自己提出的建议的重视。

建立方便的平台

企业在发展的过程中,一定要建立简单、易操作的平台。一个便捷的平台,既能缩短流程,也能提高效率。特别是网络时代,信息的重要性日益凸显,在合作过程中,一些必要的环节,如果能够平台化,将大幅降低企业和分销商之间的沟通成本。

企业应当重视这样的平台建设,将其当成企业重要的基础设施甚至重要资产来搭建和维护,说不定,一个有特色的操作平台会成为企业招揽分销商的"金字招牌"。

07 良性渠道，助力成员关系和谐

对分销商进行合理培训

当分销商已经形成一定规模之后，企业就需要定期举行培训来规范分销商的行为。这样的培训，可以实地进行，也可以在网上进行，比如建微信群、录制培训课程。企业平时也要多和代理商进行互动，增加黏性。对分销商进行专业的培训，请一些专业人士或知名讲师进行销售技巧的指导，能够极大地增强分销商的业务能力和素质，这样更有利于产品销售。

举办有创意的活动

案例中讲到的充电宝的例子，就是因为企业进行了创意促销活动，从而吸引了顾客的购买和关注，还让顾客自发成为企业的"移动广告"，最终使得分销商的产品销路完全打开，获得了丰厚的收益。现如今，各种新技术、新观念不断出现，如何将企业产品与时下的潮流和热点相结合，如何策划一些有意义的活动来打动消费者，是众多企业和分销商苦思冥想的问题。一次有"爆点"的创意活动，很可能就能帮一个企业走上"人生巅峰"。

其实提高分销商积极性的方法有很多，在这里我们主要列举了最重要的几点。企业在和分销商交流的过程中也可以总结一些小技巧，这些小技巧也可以有效提高分销商的积极性。总而言之，提高了分销商的积极性，就会产生更多的社会效益和经济效益。

化解传统渠道和网络渠道的矛盾

社会在不断进步，销售渠道也在不断地往更加适合市场竞争的方向移动。就目前来看，企业主要面临着两大销售渠道，分别是传统销售渠道和网络销售渠道。随着时代的变迁，往往新事物的出现会给旧事物带来冲击，两者之间必然会产生矛盾。

虽然网络销售渠道的出现，从某种程度上带动了企业的发展，但大多数企业的发展对传统渠道的依赖程度还是比较高的。网络渠道的便利是企业不能放弃的，这时传统销售渠道和网络销售渠道就要共存，虽然两者之间还存在矛盾，但不能放弃任何一方，这就需要我们用合适的方法来化解矛盾！

在学习如何化解两者之间的矛盾之前，我们先将传统销售渠道和网络销售渠道的优缺点一一列举出来，这样我们就能更加容易对两者进行分析和比较，从而找出解决问题的方法。

传统渠道的优缺点

第一，传统渠道的优点。

即便网络销售渠道给传统销售渠道带来了一定冲击，但是我们不能完全否定传统销售渠道自身的优势。传统渠道自身优势主要体现在以下几个方面。

◇满足需求量低的顾客。

其实这一点非常好理解，某些产品，特别是小商品，在网络上购

07 良性渠道，助力成员关系和谐

买大多需要满足一定数量才能包邮，单件购买的话，商品价格再加上运费就很不划算。通过传统渠道购买刚好可以满足需求量低的顾客，这样一来也就凸显了传统渠道的优势。

◇实地接触面更广。

在进行传统渠道销售的过程中，经销商将产品蔓延到每个自己想要覆盖的地方相对来讲是比较方便的，比如一些经济相对不发达的三四线城市。

◇经销商人脉更广。

传统的经销商，一定是奋斗多年才在自己的区域内站稳脚跟的。销售本来就是和人打交道，所以他们会逐渐建立起自己的人脉网络，日复一日，年复一年，积累很多资源，到最后这些资源都可以发挥相应的作用。

第二，传统销售渠道的劣势。

传统销售渠道具有一定的局限性，其劣势主要表现在以下两个方面。

从消费者层面来看，传统渠道缺乏新意。现在的消费者在购买产品时不仅要看产品的质量，更要看产品是否能给自己带来新鲜感。然而传统渠道单一的销售策略、信托责任等，给消费者造成比较差的体验，比如售后服务不到位、不规范，产品终端形象紊乱，假冒伪劣产品泛滥，同样的产品价格参差不齐。

从国家层面来看，国家需要对税收和真实的消费数据进行控制和收集，然而传统渠道分布错综复杂，部分违规、违法现象不仅给数据统计带来困难，而且扰乱了正常的经济秩序，给国家增添了管理成本。

网络渠道的优缺点

网络销售渠道是通过互联网的作用，与公司外部关联的、达到公司分销目的的经营组织。

第一，网络销售渠道的优点。

◇传播范围广，顾客吸引率增加。

科技在不断地发展，信息传播的速度越来越快。顾客足不出户就可以购买任何自己想要的产品，而且商品信息都是透明化的，顾客完全可以自由挑选。对于企业而言，可以省去在价格等方面的信息调查成本。

◇管理成本低。

在进行网络渠道销售的过程中，其管理主要由网络工作人员使用电脑对顾客传输来的信息进行系统化处理，再把处理后的信息反馈给顾客，这样很快就可以完成交易。如果是传统销售渠道，就需要实地进行宣传，会消耗大量的人力物力。

◇减少物流环节。

网络销售商不需要仓库来储存商品，只需要根据顾客的电子订单，联系生产企业直接发货到顾客，这样一来，就可以减少很多不必要的环节，这一点是传统销售渠道无法做到的。

◇销售结构优化。

在前面的章节中，我们提到过传统销售渠道的分销模式，主要可以分为直销和间销。大多数传统销售渠道的企业都会选择间销，也就是说在顾客和企业之间还有一个中间商，企业选择间销模式的主要原因是为了降低自己承担的风险。网络渠道销售的优点在于直接面对顾客，不需要中间商，这样可以让企业对顾客的了解更加透彻，同时可以减少成本。

第二，网络销售渠道的劣势。

◇信息安全问题。

其实信息安全问题是消费者最担心的事情，因为在网上消费时，顾客将自己的个人信息都填写在了电商平台，但是谁又能保证自己的信息一定不会被泄露呢？这是网上交易存在的最大问题，如果消费者的个人信息被不法分子掌握，那后果不堪设想。

◇诚信问题。

由于在网络上进行交易的时候，双方是无法面对面进行交流沟通的，有可能一方对另一方不信任，交易就很难完成。而且买家看不到商品实物，所以容易对卖家商铺经过修饰的商品信息产生不信任感。

◇物流资源消耗。

网络购物完成之后，其背后还需要进行分类、包装、运输、配送，这个过程中消耗了大量物流资源，比如对商品的过度包装。

传统销售渠道和网络销售渠道共存时产生的矛盾

第一，价格方面。

网络渠道的产品销售成本低，所以售价也低，传统销售渠道价格较高。

第二，地区方面。

网络无边界，不受地域甚至时空的限制，但是如果中间商的产品销售不好，也会放在网上销售，这样就会发生串货现象，从而破坏线下渠道。

如何解决两者的矛盾

◇设计创新性的网络营销渠道，构造合理的新型营销渠道，制定科学的渠道促销方案。

◇引导渠道之间的互补、合作与协同。

◇进行合理的产品区分，分别提供不同的方法来化解冲突。

◇对网络渠道与传统渠道进行有效分工，充分发挥新旧渠道的互补性。

◇企业应该进行全方位的营销目标管理。

传统渠道也好，网络渠道也罢，即便两者之间有矛盾冲突，但是少了谁都不行，所以企业在进行渠道管理时一定要处理好两者之间的矛盾，让企业在两种不同的渠道下发展得越来越好。

对竞争对手的态度决定企业的高度

世间万物都会面临竞争，但是每个生物乃至每个人面对竞争对手时都会有不同的态度。有的人或团体看到竞争对手比自己强的时候就会心生恨意，企图将竞争对手置于死地，但是到头来往往鱼死网破，两败俱伤；而有的人或团体却能以一种平和的心态对待竞争对手，这样最后大家都能很好地得到发展。

我们每个人都处在高压生活状态下，这些压力来自哪里呢？其实主要还是因为竞争激烈，我们必须以正确的姿态来对待竞争对手。

"一开始习武，牢记剑谱，手握利剑，内心才安全；后来随手捡起棍棒，可作剑与人比试；再后来，剑谱忘去，随心所欲"。这就是一种格局，这样的人值得拥有更加广阔的天地。

一个人需要以平和的心态对待竞争对手，一个企业亦是如此。

著名天使投资人徐小平曾说过：企业的灵魂就是企业的核心价值观，你卖什么东西不重要，你做什么服务不重要，你有没有真正的价值观、追求、与众不同的东西才重要，这个企业的核心价值观最终会变成支撑企业的核心竞争力。

的确，企业以平和的心态对待竞争对手，这本身就是一个企业的价值观。

要想在激烈的竞争中生存，不一定要处处盯着竞争对手的弱点伺机打压，想尽一切办法将对手搞垮，而是要看到对手对自己的促进作用，一方面要尊重自己的对手，另一方面要勇于学习对手的长处。无论是对于建立良性竞争环境的市场，还是对于产业的发展，这样做都是有好处的。

竞争的意义

第一，竞争可以让企业时刻保持警惕性。

竞争让企业更加主动、积极地去把握市场。正所谓"生于忧患，死于安乐"，人只有在逆境中求得生存，并在逆境中不断地战胜惰性、战胜困难、增强信心，不甘落后，练就百折不挠的竞争精神，才能立于不败之地。不思进取，贪图享受，必将一事无成。在竞争的过程中还可以极大地提高企业的创新能力，使得企业成员的头脑更加灵活，反应更加敏捷，变得越来越优秀。

第二，充分发挥自身的潜能。

我们经常说，有压力就有动力。一个企业有了竞争压力，企业将会不断地积极探索，而在这个探索的过程中，就会激发出企业自身的潜能。

第三，使得企业的目标更加明确。

企业在和其他企业进行竞争的过程中，自己会给自己树立更加明确的目标，大家有了明确的目标，自然更有战斗力。

第四，总结经验，让自己变得更好。

在竞争的过程中，可能会遇到比自己强大的竞争对手，也可能会给本企业带来利益损失，这个时候企业就要吸取教训，争取在今后的竞争中做得更好。

对待竞争对手的态度

第一，学会尊重。

不管是一个人还是一个企业，当我们面对对手的时候，都应该给予对方足够的尊重。比自己弱小的竞争对手企业要去尊重，比自己强大的竞争对手更应该尊重。弱小可能只是当下的现状，也许其发展潜力巨大；而别人为什么会比自己强大，肯定因为别人有值得自己去借鉴和学习的地方，学习对手的长处，以彼之长，补己之短，才会持续进步。

第二，开放的心态。

"弱小和无知不是生存的障碍，傲慢才是"，这句话说得非常好。一个企业如果封闭保守或者傲慢自大，将严重阻碍企业的发展。一个企业能不能向高手学习，向对手学习，向年轻人学习，离开自己的舒适区。学习是关键，开放的心态是前提。

第三，将自己变得更加强大。

一个企业面对强大的竞争对手最应该做的就是努力提高自己各个方面。企业要明确给自己的企业定位，产品也要定位，细分各企业的市场，调整产品结构，实现产销平衡，不要盲目参与竞争，产品结构在竞争中要有进有退，扬长避短。

第四，形成合作关系。

前面讲过企业之间合作的重大意义，不仅可以增强自身实力，还可以实现各个方面的资源共享，使得市场资源更加合理化地利用，最终实现双赢。

市场调查对高质量渠道的重要性

现如今，企业之间的竞争变得越来越激烈，所以建设高质量的渠道愈发重要，但是高质量的渠道离不开市场调查。即便市场瞬息万变，但在变化当中我们还是可以抓住一些基本的规律。

企业必须重视对市场的了解和把控，这样一来企业可以在后期的交易活动中准确地把握各个方面的信息，也更容易抓住客户的消费心理。

所有的企业在建设渠道的时候，都会进行市场调查。市场调查是一件非常严谨的工作，对于高质量渠道建设的意义是很大的。

市场调查是指用科学的方法，有目的且系统地搜集、记录、整理和分析市场情况，了解市场的现状及未来的发展趋势，为企业决策者的经营决策、市场预测、制订计划等提供客观、正确的依据。

市场调查对于高质量渠道建设的意义在于可以帮助企业了解市场现状，在企业管理者做决策的时候提供建议；快速提高产品销量，解决客户在消费过程中出现的问题；有效提高企业利润，助力企业快速发展；帮企业在最短的时间内知道客户的需求是什么，在以后的产品开发和服务当中往客户的需求点靠拢，赢得更加广阔的市场等。

既然市场调查如此重要，企业最好就能定期或不定期地进行不同程度的市场调查。下面我们就对市场调查的要素做一些简单梳理。

07 良性渠道，助力成员关系和谐

市场调查的分类

第一，消费者调查。

针对特定的消费群体进行观察与研究，有目的地分析他们的购买行为、消费心理演变等因素。

第二，市场观察。

针对特定的产业区域进行对照性分析，从经济、科技等宏观角度进行研究和分析。

第三，产品调查。

针对某一性质的相同类型的产品，研究其发展历史、设计、生产等相关因素。

第四，广告研究。

针对特定的广告进行促销效果的分析与整理。

市场调查的技术方法

第一，定性营销研究。

这是最常使用的市场调查技术方法。简单来说，就是从受访者的回答中去分析，不针对所有人，也不会做大型的统计。常见的例子有焦点族群调查、深度访谈。

第二，定量营销研究。

采用假说的形式，使用任意采样，并从样品数来推断结果，这种方法经常用在人口普查、经济普查等大型研究。常见的例子有大型问卷、咨询表系统。

第三，观察性技术。

由研究员通过水平式比较（通常是指时间性的比较）或垂直式比较（与同时间不同社会群体或不同现象比较）观察社会现象。常见的例子有产品使用分析、浏览器的cookie分析。

第四，实验性技术。

由研究员创造一个半人工的环境测试使用者，这个半人工的环境能够控制一些研究员想要对照的影响因子。常见的例子有购买实验室、试销会场。

市场调查研究员经常综合使用上面四种方法，他们可能先从第二手资料获得一些背景知识，然后进行目标消费群体访谈（定性研究）来探索更多问题的答案，最后也许会因客户的具体要求而进一步扩大调查范围，甚至进行全国性的调查（定量研究）。

市场调查的主要内容

第一，市场环境的调查。

市场环境调查主要包括经济环境、政治环境、社会文化环境、科学环境和自然地理环境等。具体的调查内容可以是市场的购买力水平，经济结构，国家的方针、政策和法律法规，风俗习惯，科学发展动态，气候等各种影响市场营销的因素。

第二，市场需求调查。

市场需求调查主要包括消费者需求量调查、消费者收入调查、消费结构调查、消费者行为调查，包括消费者为什么购买、购买什么、购买数量、购买频率、购买时间、购买方式、购买习惯、购买偏好和购买后的评价等。

第三，市场供给调查。

市场供给调查主要包括产品生产能力调查、产品实体调查等。具体为某一产品市场可以提供的产品数量、质量、功能、型号、品牌，以及生产供应企业的情况。

07　良性渠道，助力成员关系和谐

第四，市场营销因素调查。

市场营销因素调查主要包括调查产品、价格、渠道和促销活动。产品调查主要包括调查市场上新产品开发的情况、设计的情况、消费者使用的情况、消费者的评价、产品生命周期、产品的组合情况等。价格调查主要包括调查消费者对价格的接受情况，对价格策略的反应等。渠道调查主要包括调查渠道的结构、中间商的情况、消费者对中间商的满意情况等。促销活动调查主要包括调查各种促销活动的效果，如广告实施的效果、人员推销的效果、营业推广的效果和对外宣传的市场反应。

第五，市场竞争情况调查。

市场竞争情况调查主要包括对竞争企业的调查和分析，了解同类企业的产品、价格等方面的情况，比如他们采取了什么竞争手段和策略，做到知己知彼，通过调查帮助企业确定自身的竞争策略等重大企业战略决策。

在设计和研究一次完整的市场调查时，以下内容和方式都是可以参考的。

◇**市场测试**：在产品上市前，提供一定量的试用品给指定消费者，通过他们的反应来研究该产品未来市场的走向。

◇**概念测试**：针对指定消费者，利用问卷或电话访谈等形式，测试新的销售创意是否有足够的市场。

◇**神秘购物**：安排隐藏身份的研究员购买特定产品或消费特定的服务，并完整记录整个购物流程，以此测试该产品或服务，这种形式又被称为神秘客或神秘客购物。

◇**零售店审查**：用以判断连锁店或零售店是否提供了适当的服务。

◇**需求评估**：用以判断产品最大的需求层面，以找到主要客户。

◇**销售预测**：找到最大的需求层面后，判断其市场潜力，能够销售多少产品或服务。

◇**客户满意度调查**：利用问卷或访谈来量化客户对产品的满意程度。

◇**分销审查**：用以判断可能的零售商，批发业者对产品、品牌和企业的态度。

◇**价格调整测试**：用来找出当价格改变时，最先受影响的消费者。

◇**象限研究**：将潜在消费者的消费行为、心理活动等用人口统计的方法，而后分象限来研究。

◇**消费者购买决定过程研究**：针对容易改变心意的消费者进行专门的分析，弄清到底什么是影响其购买的主要因素，以及哪种因素可以改变其购买决定时的行为模式。

◇**品牌命名测试**：研究消费者对新产品名称的感觉。

◇**品牌喜好度研究**：量化消费者对不同品牌的喜好程度。

◇**广告和促销活动研究**：调查所采用的销售方法，如广告是否达到理想的效益，看广告的人真的理解其中的信息吗？他们真的因为广告而去购买吗？

市场调查不仅仅可以为企业建设和管理高质量的渠道提供有力的数据支持，它还是开展所有营销活动的第一步，因为市场调查是企业获取市场信息的重要途径，市场信息决定着企业的市场决策，而市场决策又决定着整个企业的发展战略和执行力，而市场执行力直接决定着一个企业品牌的市场结果。企业的发展，第一步非常重要，所以一定要重视并做好市场调查。

在此，我想跟大家分享特奇营销集团完成的一次几乎不可能完成的任务。

记得那是在山西，时间是2017年7月，当地近几年家居建材业发展迅猛。大型家居卖场拔地而起。打破了原有两大品牌主打市场的格局。虽然两大品牌同受波及，但毕竟经营多年，市场基础和品牌知

07 良性渠道，助力成员关系和谐

名度较高，市场占有率依然位于前列。

然而，在2017年，其中一个竞争品牌得到了公司的大力支持，对卖场进行扩张改建，为期半年，目的只是提升装修效果。在装修后期，也就是2017年6月，该品牌全力爆发，大力进行开业宣传。该市场的高速路广告牌、所有当地广场大型广告牌、所有当地小区，都进驻了广告（最后得知，该品牌广告投入超过了60万元）。面对蓄势已久的这样一场宣传攻势，我方服务的品牌虽有所准备，但远远超过了我方服务品牌的预判。该品牌当地负责人在得知消息后，向总公司求助。在公司人员到达现场两天后，不知是何原因，这位负责人从该市场调离了。我方就在这样的情形下进入该品牌，展开了一场与时间竞速的生死拦截。

我方进场后的工作核心为：第一，重建我方员工的销售信心。面对如此巨大的广告攻势，我方人员显得有些担心。首先要做的就是重建信心。第二，我方的方案制定及广告投放研究，对方已经大手笔拿下优势广告资源，我方广告如何投放和投放量是个难题。第三，我方的价格策略，究竟是否大力降价，当时并无定论，这也是个难题。

我方人员先对市场状况进行了调查，而后做出了如下分析。

第一，客户越来越聪明了，"广告力度＝价格力度"的时代已经过去了。所以，我方还是有很大机会有效拦截的。而且明确一点，我方需要精准拦截的是客户，而不一定在于花钱做广告覆盖。

第二，对方虽然进行了铺天盖地的广告攻势，但商场还在最后的调整阶段。抓住这点，打时间差，提前消化客户，是有可能实现的。

第三，对方新店新产品，我方采取措施，包装卖场活动氛围，让客户进场感受现场销售的浓烈气氛。

最终，我方坚定精准拦截的思路，不定期地多次组织店内团购，最终以广告投入不足3万元的成本，完成超过200万元的销售额，打赢了这场战争。而且有些操作可圈可点：一是价格，我方价格比日常促销价略高；二是对方最后的销售额为160万元。这场拦截，用大获全胜来形容也不为过。

总结来说就是冷静分析局势，扎实调查，一切看似不可能都可能实现。

市场调查对于企业发展的意义重大，但是企业在进行市场调查时一定要寻找到适合自己的最正确的方法，这样才有利于数据的收集。同时在后期的数据统计和分析的过程中，采取最专业的方法，如此一来才能准确地分析出当前及未来阶段的市场行情。

每个企业都有自己的发展方向，不同企业要采用不同的市场调查方式，这样才能发挥出市场调查的最大效能。